Jugoslavija
y a r o r s z á g
(Ungarn)
Vojvodina
(Wojwodina)
Tisa (Theiß)
sijek
Novi Sad
Dunav (Donau)
Beograd
(Belgrad)
Srbija
(Serbien)
Morava
Tuzla
Kragujevac
Drina
Novi Pazar
Niš
Durmitor
2522
Crna Gora
(Montenegro)
Titograd
Kosovo
Skadarsko Jezero
(Skutarisee)
Skopje
Makedonija
(Makedonien)
Shqipëri
(Albanien)
Bitola
Ohridsko Jezero
(Ohridsee)
Prespansko Jezero
(Prespasee)
Romînia
(Rumänien)
Bulgarija
(Bulgarien)
Hellas
(Griechenland)

PONS

Serbokroatisch

bearbeitet
von
Dušan Vitas

Reisewörterbuch

Klett

Begleitend zum
Pons Reisewörterbuch Serbokroatisch
1 Compact-Cassette
Beide Seiten besprochen
Sprechzeit ca. 60 min.
Klettnummer 51877
Lieferung durch jede Buchhandlung oder, wo dies auf Schwierigkeiten stößt, gegen Portokosten per Nachnahme vom Verlag.

PONS Reisewörterbuch

Bearbeitet von
Dušan Vitas
unter Mitwirkung und Leitung
der Verlagsredaktion Wörterbücher
Leiter: Wolfgang Kaul, M. A.;
Mitarbeit an diesem Werk:
Dr. Elisabeth Görg, Verlagsredakteurin

CIP-Kurztitelaufnahme der Deutschen Bibliothek
Pons-Reisewörterbuch.
Stuttgart: Klett. — Serbokroatisch
[Hauptbd.] Bearb. von Dušan Vitas. — 1. Aufl., — Nachdr. — 1987
NE: Vitas, Dušan [Mitverf.]
ISBN 3-12-518670-6

ISBN 3-12-518670-6

1. Auflage 1982 — Nachdruck 1987

Umschlaggestaltung: Erwin Poell, Heidelberg und
Christa Janik, Leinfelden.
Illustrationen: Christa Janik, Leinfelden bei Stuttgart.
Fotosatz: Ernst Klett, Stuttgart.
Druck: Augsburger Druck- und Verlagshaus GmbH, Augsburg.
Printed in Germany.

Inhaltsverzeichnis

Vorwort *VI*
Aussprache *VII*
Wörterbuch Deutsch – Serbokroatisch *1*

Redewendungen *31*

1 Allgemeine Wendungen *33*
Begrüßung, Vorstellung, Bekanntschaft *33*
Besuch *35*
Abschied *36*
Bitte und Dank *36*
Entschuldigung, Bedauern *37*
Glückwunsch *37*
Verständigungsschwierigkeiten *38*
Wetter *39*
Zeitangaben *41*
Datum und Alter *44*
Beruf, Studium, Ausbildung *44*
Zahlen *47*

2 Mit dem Auto unterwegs *49*
Auskunft *49*
An der Tankstelle *50*
Parken *50*
Eine Panne *51*
In der Werkstatt *53*
Verkehrsunfall *56*
Autovermietung *57*

3 Reisen mit Bahn, Flugzeug oder Schiff *60*
Im Reisebüro *60*
Eisenbahn: Auf dem Bahnhof *61*
Fundbüro *64*
Im Zug *64*
Flugzeug: Am Flughafen *65*
An Bord *66*
Ankunft *67*
Schiff: Auskunft *67*
An Bord *68*

4 An der Grenze – Zoll *72*
Paßkontrolle *72*
Zollkontrolle *73*

5 Bank — Geldwechsel *75*

6 Unterkunft *80*
Auskunft *80*
An der Rezeption *81*
Gespräche mit dem Hotelpersonal *82*
Beanstandungen *84*
Abreise *84*
Camping *85*

7 Essen und Trinken *89*
Im Restaurant *89*
Bestellung *90*
Beanstandungen *91*
Die Rechnung *92*
Speisekarte *96*
Getränkekarte *103*

8 In der Stadt *105*
Auf dem Verkehrsbüro *105*
Erkundigung nach dem Weg *106*
Bus, Straßenbahn, U-Bahn *107*
Taxi *107*
Stadtrundfahrt, Ausflüge *108*
Kirche, Gottesdienst *110*

9 Auf der Post *115*
Postlagernd *116*
Ferngespräche und Telegramme *116*

10 Auf der Polizei *121*

11 Zeitvertreib — Vergnügungen *123*
Im Schwimmbad/Am Strand *123*
Sport *124*
Theater, Konzert, Kino *125*
Tanz *127*

12 Einkaufen — Geschäfte *130*
Fragen, Preise *130*
In der Buchhandlung *131*
Im Fotogeschäft *131*
Kleidung, Schuhe, Reinigung *132*
Lebensmittel *133*
Beim Optiker *134*
Im Tabakladen *134*
Beim Uhrmacher, Juwelier *134*

13 Beim Friseur *144*
Damenfriseur *144*
Herrenfriseur *145*

14 Krankheit *147*
In der Apotheke *147*
Beim Arzt *148*
Im Krankenhaus *150*
Beim Zahnarzt *151*

Wörterbuch Serbokroatisch – Deutsch *159*
Allgemeine Abkürzungen *191*
Kurzgrammatik *193*

Abkürzungen im Reisewörterbuch

acc	Akkusativ, 4. Fall	ạkuzativ, 4. padež
adj	Adjektiv, Eigenschaftswort	ạdjektiv, pridjev
adv	Adverb, Umstandswort	adverb, prilog
conj	Konjunktion, Bindewort	konjụkcija, veznik
dat	Dativ, 3. Fall	dativ, 3. padež
el	Elektrizität	elektricịtet
etw	etwas	nešto
f	Femininum, weiblich	fẹminin, ženski rod
gen	Genitiv, 2. Fall	gẹnitiv, 2. padež
ins	Instrumental, 7. Fall	ịnstrumental, 7. padež
jdm	jemandem	nẹkomu
jdn	jemanden	nẹkoga
loc	Lokativ, 6. Fall	lọkativ, 6. padež
m	Maskulinum, männlich	mạskulin, muški rod
med	Medizin	medicịna
n	Neutrum, sächlich	nẹutrum, srednji rod
Ost	östliche Variante	ịstočna varijạnta
pers prn	Personalpronomen	lična zạmjenica
pl	Plural, Mehrzahl	plural, mnọžina
poss prn	Possessivpronomen	pọsvojna zạmjenica
prn	Pronomen, Fürwort	pronọmen, zạmjenica
prp	Präposition, Verhältniswort	prepozịcija, prijẹdlog
rel	kirchlich, geistlich	cṛkveni, dụhovni
s.	sich	se
sing	Singular, Einzahl	sịngular, jednịna
tele	Telefon, Telegraf	telẹfon, telẹgraf
ugs	umgangssprachlich	rạzgovorni jezik
verb	Verb, Tätigkeitswort	verbum, glagol

Vorwort

Das PONS Reisewörterbuch ist Sprachführer und Wörterbuch zugleich. Es enthält neben den Wörterbuchteilen Deutsch—Serbokroatisch und Serbokroatisch—Deutsch als Kernstück eine reiche Auswahl von Redewendungen und Beispielsätzen, die es dem Reisenden ermöglichen, die wichtigsten Alltagssituationen im fremden Land sprachlich zu meistern.

Die Wörterbuchteile enthalten in beiden Sprachrichtungen zusammen rund 5000 Stichwörter. Besonders berücksichtigt wurden Ausdrücke der modernen gesprochenen Umgangssprache, soweit sie für Situationen typisch sind, die der Tourist häufig antrifft.

Die Redewendungen sind nach 14 Themenbereichen gegliedert: Allgemeine Wendungen; Mit dem Auto unterwegs; Reisen mit Bahn, Flugzeug oder Schiff; An der Grenze — Zoll; Bank/Geldwechsel; Unterkunft; Essen und Trinken; In der Stadt; Auf der Post; Auf der Polizei; Zeitvertreib/Vergnügungen; Einkaufen/Geschäfte; Beim Friseur; Krankheit.

Die aufgeführten Beispielsätze lassen sich leicht vielen weiteren Gesprächssituationen anpassen, da einzelne Wörter oder Satzelemente mit Hilfe der dem Sachbereich zugeordneten Wortlisten und mit Hilfe des Wörterbuchteils ausgetauscht werden können.

Außerdem bietet das PONS Reisewörterbuch eine Kurzgrammatik, die jedem Benutzer willkommen sein wird, der sich über den Aufbau des Serbokroatischen rasch orientieren möchte.

Das PONS Reisewörterbuch ist aufgelockert durch lustige Illustrationen und farbige landeskundliche Fotos. Anhand der zahlreichen authentischen Materialien wie Karten, Schilder und Formulare kann sich der Benutzer auf den Auslandsaufenthalt vorbereiten und einstimmen.

Das PONS Reisewörterbuch ist ein zuverlässiger und praktischer Sprachbegleiter, mit dessen Hilfe der Reisende sowohl das Reiseland als auch seine Bewohner näher kennenlernen kann.

● Die blauen Punkte markieren Äußerungen und Sätze, mit denen der Reisende im fremden Land konfrontiert werden könnte und die er verstehen sollte.

Aussprache

Das Serbokroatische wird in der Regel so ausgesprochen, wie es geschrieben wird.

Besonderheiten

- Alle Vokale sind offen und müssen in jeder Stellung deutlich ausgesprochen werden.
- Bei Vokalverbindungen ist jeder einzelne Vokal hörbar: reuma = re-u-ma.
- Das silbenbildende r muß ebenfalls deutlich ausgesprochen werden: v**r**ba, K**r**k.
- Die Konsonanten haben immer die gleiche Aussprache: led – Eis (d, nicht t), bog – Gott (g, nicht k).

a	[a]	wie in **a**lle	avịon [a'viɔn]
e	[ɛ]	wie in B**ä**cker, h**e**ll	epọha [ɛ'pɔxa]
i	[i]	wie in M**i**nute	ime ['imɛ]
o	[ɔ]	wie in **o**ffen	ọcat ['ɔtsat]
u	[u]	wie in B**u**tter	ụlica ['ulitsa]
j	[j]	wie in **j**eder	jạgoda ['jagɔda]
c	[ts]	wie in **C**äsar, **C**entrum	centar ['tsɛntar]
č	[tʃ]	wie in **Tsch**eche, deu**tsch**	Čeh [tʃɛx] čaj [tʃai]
ć	[tç]	etwa wie in Hü**tch**en	kuća ['kutça] noć [nɔtç]
dž	[dʒ]	etwa wie in In**g**enieur, wie das engl. j in **J**ohn	džungla ['dʒungla] džạmija ['dʒamija]
đ	[dj]	[d] mit weichem [j]-Nachschlag	đak [djak] lađa ['ladja]
h	[x]	wie in a**ch**, no**ch**	duhan ['duxan] hlad [xlad]

lj	[ʎ]	etwa wie in Fami**li**e, wie das ital. gl in fi**gl**o	ljubav ['ʎubav] polje ['pɔʎɛ]
nj	[ɲ]	etwa wie in Ko**gn**ak, wie das span. ñ in se**ñ**or	konjak ['kɔɲak] banja ['baɲa]
r	[r]	Zungen-r	roba ['rɔba]
s	[s]	wie in rei**ß**en, la**ss**en	kosa ['kɔsa] pas [pas]
š	[ʃ]	wie in **sch**ön, Ti**sch**	flaša ['flaʃa] škola ['ʃkɔla]
v	[v]	wie in **W**asser, **V**ioline	vino ['vinɔ] vic [vits]
z	[z]	wie in le**s**en, rei**s**en	Roza ['rɔza] voz [vɔz]
ž	[ʒ]	wie in Gara**g**e, Lo**g**e	žurnal ['ʒurnal]

Das serbokroatische Alphabet

latein.		kyrill.		Lautwert	latein.		kyrill.		Lautwert
A	a	А	а	[a]	L	l	Л	л	[l]
B	b	Б	б	[b]	Lj	lj	Љ	љ	[ʎ]
C	c	Ц	ц	[ts]	M	m	М	м	[m]
Č	č	Ч	ч	[tʃ]	N	n	Н	н	[n]
Ć	ć	Ћ	ћ	[tç]	Nj	nj	Њ	њ	[ɲ]
D	d	Д	д	[d]	O	o	О	о	[ɔ]
Dž	dž	Џ	џ	[dʒ]	P	p	П	п	[p]
Đ	đ	Ђ	ђ	[dj]	R	r	Р	р	[r]
E	e	Е	е	[ɛ]	S	s	С	с	[s]
F	f	Ф	ф	[f]	Š	š	Ш	ш	[ʃ]
G	g	Г	г	[g]	T	t	Т	т	[t]
H	h	Х	х	[x]	U	u	У	у	[u]
I	i	И	и	[i]	V	v	В	в	[v]
J	j	Ј	ј	[j]	Z	z	З	з	[z]
K	k	К	к	[k]	Ž	ž	Ж	ж	[ʒ]

Hinweise zur Betonung

Zweisilbige Wörter werden immer auf der ersten Silbe betont. Bei drei- und mehrsilbigen Wörter kann jede Silbe, außer der letzten, betont werden. Deshalb wird bei diesen im Reisewörterbuch die Betonung angegeben:
govọriti — sprechen, jạbuka — Apfel.
Die Vokale können, ob betont oder unbetont, lang oder kurz sein. Bei richtiger Betonung sind Verstöße gegen Länge oder Kürze für die normale Verständigung nicht hinderlich.

Hinweise zum Wörterbuchteil und zu den Wortlisten

Männliche Substantive enden auf Konsonant. Weibliche Substantive enden auf -a. Sächliche Substantive enden auf -o oder -e. Nur bei Abweichungen von dieser Regel (jesen *f* Herbst, listọnoša *m* Briefträger, mịsao *f* Gedanke) wird das Geschlecht angegeben.

Dieses Reisewörterbuch ist in der westlichen (kroatischen) Variante und in der ijekawischen Aussprache verfaßt worden. Die wichtigsten Dubletten in der östlichen (serbischen) Variante sind jedoch mit angegeben. Sie werden durch *(Ost)* gekennzeichnet.

Wörterbuch Deutsch – Serbokroatisch

A

abbestellen *(Zimmer)* otkạzati; *(Fahr-, Flugkarten)* otkạzati, stornịrati
Abend veče *n*, večer *m/f*; **am ~** nạvečer
Abendessen vẹčera
abends nạvečer
aber ali
abfahren (von) otputọvati (od *gen*)
Abfahrt pọlazak
Abfall otpad
abholen doći po; **~ lassen** pọslati po
Abkürzung krạtica; *(Weg)* prẹčica
abladen istọvariti
ablehnen ọdbiti
abnehmen odụzeti; *(dünner werden)* smṛšaviti
Abreise ọdlazak
abreisen (nach) otputọvati (u *acc*)
Abschied nehmen oprọstiti se
abschleppen ọdvući
abschließen zaključati
Abschnitt *(Scheck, Kontroll~)* ọdrezak
Absicht nạmjera
absichtlich nạmjeran
Abstand razmak
abwärts nạniže
abwesend ọdsutan
achtgeben (auf) pạziti (na *acc*)
Achtung pozor
Adresse adrẹsa, naslov
adressieren adresịrati
Adria Jadran
Agentur agẹncija
ähnlich sličan
Ahnung slutnja; **keine ~!** nemam pojma!
alle svi, sve, sva; **auf ~ Fälle** ụ svakom slụčaju; **~ Tage** svaki dan; **~ zwei Stunden** svaka dva sata
allein sam
alles sve
allgemein opći, *(Ost)* opšti; **im ~en** opcẹnito
als *(zeitlich)* kad(a); *(bei Vergleich)* nego, od; **besser ~** bolje od; **nichts ~** samo; **~ ob** kao da
also dakle
alt *(nicht frisch)* star; *(aus früheren Zeiten)* starịnski
Alter dob *f*; *(hohes ~)* starost *f*
Amt *(Dienststelle)* ured
amtlich služben
amüsieren, s. ~ zạbavljati se
an na *loc*, pri *loc*; **~ der Save** na Savi; **am Abend** nạvečer; **am Sonntag** u nẹdjelju
anbieten pọnuditi
Andenken ụspomena, suvẹnir
andere, der ~ drugi; **ein ~r** neki drugi
andermal, ein ~ drugi put
ändern mijẹnjati
anders *adj* drụkčiji; *adv* drụkčije
anderswo drugdje
anderthalb jedan i po(l)
Anfang počẹtak
anfangen pọčeti
Angabe podạtak; **~n machen** dati podạtke; **nähere ~n** pọbliži podạci
Angebot pọnuda
Angelegenheit stvar *f*, pọsao *m*; **eine ~ erledigen** ọbaviti pọsao
angenehm ụgodan
Angestellte, der, die ~ namještẹnik, namještẹnica
Angst strah
anhalten zaụstaviti
anklopfen pọkucati
ankommen stići
Ankunft dọlazak
Anlage ụređaj; *(Brief)* prilog
Anlaß *(Grund)* povod; *(Gelegenheit)* prịlika
anmachen *(Licht)* upạliti
anmelden *(ankündigen)* prijạviti
Annahme prịhvaćanje; *(Vermutung)* prẹtpostavka

annehmen prịhvatiti; *(vermuten)* pretpọstaviti
Anruf (telẹfonski) poziv
anrufen pọzvati telefọnom, telefonịrati, *(ugs)* nạzvati
anschauen pọgledati
anscheinend *adv* po svoj prịlici
Anschluß *(Zug)* veza
Anschrift adrẹsa, naslov
ansehen pọgledati
Ansicht pogled; *(Meinung)* nazor
Ansichtskarte rạzglednica
anstatt ụmjesto
anstrengend nạporan
Anstrengung napor
antik starịnski
Antiquitäten starịne *f pl*
Antwort ọdgovor
antworten odgovọriti
Anwalt advọkat
anwenden upotrijẹbiti; *(Gesetz)* primijẹniti
anwesend prịsutan
Anzahl broj
Anzeige *(Inserat)* oglas
anziehen *(Kleidungsstück)* ọbući; **s. ~** ọbući se
Anzug odijẹlo
anzünden zapạliti
Apfel jạbuka
Apparat *(Foto)* foto-apạrat; *(Radio)* rạdio-apạrat
Arbeit rad; *(Anstellung)* pọsao *m*, namještẹnje
arbeiten rạditi
ärgern, s. ~ über ljụtiti se zbog *gen*/na *acc*
arm sirọmašan
Arm ruka
Armband nạrukvica
Armbanduhr ručni sat
Art način
Artikel *(Ware)* roba, artikl; *(Zeitung)* članak
auch takọđe(r); **~ nicht** ni
auf (1) *prp* na *acc/loc;* **~ der Reise** na putovạnju; **~ der Straße** nạ ulici; **~ die/der Post** nạ poštu, nạ pošti; **~ einmal** najedạnput; **~ serbokroatisch** na srpskohrvatskom
auf (2) *(offen)* ọtvoren
aufbewahren sačụvati
Aufenthalt bọravak; *(Zug)* zadržạvanje
auffordern pọzvati
Aufführung prẹdstava
aufgeben *(Gepäck, Post)* prẹdati
aufhalten, jdn ~ zadrạžati koga; **s. ~** bọraviti
aufhängen ọbjesiti
aufhören prẹstati
aufladen natọvariti
aufmachen otvọriti
aufmerksam pažljiv
Aufnahme *(Empfang)* prịmanje; *(Foto)* snimak
aufnehmen *(Foto)* snịmiti
aufpassen (auf) pạziti (na *acc*)
aufpumpen nạpumpati
aufschieben odgọditi
Aufschub ọdgoda
Aufseher *(Wächter)* čuvar
aufstehen ụstati
aufwachen probụditi se
aufwecken probụditi
Aufzeichnung zapis
Aufzug lift
Auge oko
Augenblick trenụtak
aus *(Herkunft)* iz *gen;* **~ Belgrad** iz Beọgrada; *(Material)* od *gen;* **ein Kleid ~ Seide** hạljina od svile; *(Grund)* zbog *gen;* **~ diesem Grund** zbog toga
Ausdruck izraz
ausdrücklich ịzrazit
Ausflug izlet
Ausfuhr izvoz
ausführen *(Arbeit)* urạditi
ausfüllen *(Formular)* ịspuniti
Ausgaben izdạci *m pl*
Ausgang izlaz
ausgeben potrọšiti
ausgehen *(Haus verlassen)* ịzaći; *(Licht)* (u)gạsiti se
ausgeschlossen ịsključeno
ausgezeichnet ọdličan
Auskunft obavještẹnje, informạcija; **~ einholen** obavijẹstiti se, informịrati se
Auskunftsstelle informạcije *f pl*
Ausland inozẹmstvo, *(Ost)* inostrạnstvo; **im/ins ~** u inozẹmstvu, u inozẹmstvo
Ausländer stranac
ausländisch inọzemski, *(Ost)* ịnostran
auslöschen ugạsiti
Ausnahme ịznimka
auspacken *(Koffer)* rạspakovati
Ausreise ọdlazak (iz zemlje)

ausruhen, s. ~ odmọriti se

aussehen izglẹdati

außen vani; **von** ~ ịzvana

außer izvan *gen*, osim *gen*

außerdem osim toga

außergewöhnlich neọbičan

äußerlich vanjski

Aussicht izgled

Aussprache ịzgovor

aussprechen izgovọriti

aussteigen sići

Ausstellung ịzložba

aussuchen izạbrati

Austausch rạzmjena

austauschen izmijẹniti

ausüben *(Beruf)* ọbavljati

Ausverkauf rạsprodaja

Auswahl izbor

Ausweis *(Personal~)* ọsobna karta, *(Ost)* lična karta

ausziehen *(Wohnung verlassen)* isẹliti se; *(Kleidungsstück)* svući; **s.** ~ svući se

Auto ạuto *m*; ~ **fahren** vọziti ạuto

Automat *(Waren)* autọmat

automatisch autọmatski

B

Bad kupka, kupaọnica

baden *(Wanne, schwimmen)* kụpati se

bald skoro; **so ~ wie möglich** što prije

Balkan Balkan

Ball lopta; *(Fest)* ples

Band (1) *n (aus Stoff)* traka

Band (2) *m (Buch)* svezak

Bank (1) *(Geldinstitut)* banka

Bank (2) *(Sitz~)* klupa

bar zahlen plạtiti u gọtovu

Bargeld gotovịna

bauen grạditi

Bauer *(Landwirt)* seljak

Bauernhof sẹljački posjed

Baum drvo

Baumwolle pamuk

beabsichtigen namjerạvati

beachten pạziti

beantworten odgovọriti

Bedauern žạljenje

bedauern žạliti

bedecken pọkriti

bedeckt *(Wetter)* ọblačan

bedeuten znạčiti

bedeutend važan, znạčajan

Bedeutung *(Sinn)* značenje; *(Wichtigkeit)* važnost *f*

bedienen poslụžiti

Bedienung pọsluga

Bedingung uvjet, *(Ost)* uslov

Bedürfnis pọtreba

beeilen, s. ~ požụriti se

beenden zavṛšiti

befinden, s. ~ nạlaziti se

befolgen pọslušati

befördern otprẹmiti

befreundet sein biti prịjatelj

befriedigt zạdovoljan

befürchten bọjati se

begegnen sresti

begeistert (von) odụševljen

Beginn počẹtak

beginnen pọčeti

begleiten prạtiti

begrüßen pọzdraviti

behalten zadṛžati

Behälter pọsuda

behandeln postụpati

Behandlung pọstupak

behaupten tvṛditi

behilflich, jdm ~ sein pọmoći komu

Behörde vlast *f*

bei *(nahe)* pored; ~ **Tag/Nacht** danju, noću; ~ **Tisch** za stolom; ~ **diesem Wetter** po ovom vrẹmenu; ~**m Essen** pri jelu

beide oba, obje, oba

Beifall pljesak

beifügen prilọžiti

Beileid sạučešće, sućut

beinahe skoro

beisammen zạjedno

Beispiel primjer; **zum** ~ na primjer

bekannt poznat; **jdn mit jdm ~ machen** upọznati koga s(a) *ins;* ~ **sein** biti poznat

Bekannte, der, die ~ pọznanik, pọznanica

beklagen, s. ~ (über) žaliti se (na *acc*/zbog *gen*)
bekommen dobiti
belästigen dosađivati
belegen, einen Platz ~ zauzeti mjesto
beleidigen uvrijediti
Beleidigung uvreda
beleuchtet rasvijetljen
Belgien Belgija
Belgier/in Belgijanac, Belgijanka
Belieben, nach ~ po volji
belohnen nagraditi
Belohnung nagrada
bemerken primijetiti; *(sagen)* napomenuti
bemühen, s. ~ truditi se
benachrichtigen obavijestiti
Benehmen ponašanje
benötigen trebati
benutzen upotrijebiti; *(Verkehrsmittel)* voziti se
Benzin benzin
beobachten promatrati
bequem udoban
Bequemlichkeit udobnost *f*
berechnen proračunati
berechtigt ovlašćen
bereit spreman
Berg brdo
bergab nizbrdo
bergauf uzbrdo
Bericht izvještaj
Beruf zanimanje
beruhigen, s. ~ umiriti se
berühmt slavan, znamenit
berühren dodirnuti
Berührung dodir
beschädigen oštetiti
Beschädigung oštećenje
beschaffen *verb* nabaviti
beschäftigt zaposlen
bescheinigen potvrditi
Bescheinigung potvrda
beschleunigen ubrzati
beschließen odlučiti
beschreiben opisati
beschützen zaštititi
Beschwerde žalba
beschweren, s. ~ (über) žaliti se (na *acc*)
besetzt *(Platz)* zauzet; *(voll)* popunjen
Besitz posjed; *(Eigentum)* vlasništvo
besitzen posjedovati, imati
Besitzer vlasnik
besonders naročito, osobito
besorgen nabaviti
besorgt zabrinut
Besorgung nabavljanje
besser bolji
bestätigen potvrditi
bestehen postojati; **~ auf** ostati pri *loc;* **~ aus** sastojati se iz *gen*
bestellen naručiti; *(Hotel, Platz)* rezervirati; *(kommen lassen)* pozvati
Bestellung narudžba
bestimmt *adj* određen; *adv* sigurno
Besuch posjet
besuchen, jdn ~ posjetiti koga
beten moliti se
betrachten promatrati; *(ansehen als)* smatrati
beträchtlich priličan, znatan
Betrag svota
betreffend dotičan
betreten stupiti
betrinken, s. ~ opiti se
Betrug *(Gaunerei)* lopovluk; *(Handel)* prevara
betrügen prevariti
betrunken pijan; *(leicht)* pripit
Bett krevet, postelja; **zu ~ gehen** leći u krevet
Bettwäsche posteljina
beunruhigen, s. ~ uznemiriti se
beurteilen prosuditi
Beutel kesa
bevor prije nego
bewegen pokrenuti
bewegt *(Gefühl)* uzbuđen; *(Meer)* uzburkan
Bewegung kretanje
Beweis dokaz
beweisen dokazati
Bewohner stanovnik
bewölkt oblačan
bewundern čuditi se
bewußt svjestan
bezahlen platiti
bezaubernd čaroban
beziehen, s. ~ auf odnositi se na *acc*
biegen savijati, skrenuti
Bier pivo
Bild *(Foto, Abbildung, Gemälde)* slika
bilden oblikovati
billig jeftin

binden vẹzati
Bindfaden ụzica, *(Ost)* kanap, *(ugs)* špaga
Birne kruška; *(el)* žạrulja, *(Ost)* sịjalica
bis do; ~ **jetzt** dọsad(a)
bißchen, ein ~ malo
bitte molim, izvọli(te); *(Antwort auf Dank)* molim; **wie** ~? molim?
Bitte molba
bitten, jdn um etw ~ mọliti koga za što
bitter gorak
Blatt list
blau plav, modar; **hell-/dunkel**~ svijẹtloplav, tạmnoplav
bleiben ọstati
bleich blijed
Bleistift ọlovka
Blick pogled
blind slijep
Blitz *(Wetter)* munja; *(Foto)* blic, fleš
blöd(e) glup
blond plavọkos
blühen cvasti
Blume cvijet
Boden tlo; *(Fuß~)* pod, *(Ost)* patos
Boot čamac
Bord, an ~ **gehen** ukrcati se
böse zao; *(verärgert)* ljutit, srdit
Bosnien und Herzegowina Bosna i Hẹrcegovina
Botschaft *(dipl. Vertretung)* ambasạda
Brand požar
Braten pečẹnje
braten peći; *(in der Pfanne)* pṛžiti
brauchen trẹbati
braun smeđ; *(gebräunt)* pocṛnjeo; *(Haar)* kestẹnjast
brechen lọmiti
breit širok
brennen gọrjeti
Brief pismo, list
Briefkasten pọštanski sạndučić
Briefpapier papir za pismo, *(Ost)* hạrtija za pismo
Brieftasche lịsnica
Briefträger listọnoša, poštar
Briefumschlag ọmotnica, kọverta
Briefwechsel dopisịvanje
Brille nạočale *f pl*
bringen *(her~)* dọnijeti; *(weg~)* ọdnijeti
Brot kruh, *(Ost)* hleb
Brötchen zẹmička; **belegtes** ~ sendvič
Brücke most
Bruder brat
Brunnen bunar, zdenac
Buch knjiga
buchen *(Platz)* rezervịrati
Büchse kụtija; *(Konserve)* lịmenka
Büchsenöffner otvạrač za lịmenke
buchstabieren izgovọriti slovo po slovo
Bucht zaljev
Bügeleisen glạčalo, *(ugs)* pegla
bügeln glạčati, *(ugs)* pẹglati
bunt šaren; *(abwechslungsreich)* raznọlik
Burg zamak
Büro ured
Bürste četka
bürsten čẹtkati
Bus autọbus
Bushaltestelle autọbusna stạnica
Butter maslac, *(ugs)* putar

C

Café kavạna, *(Ost)* kafạna
Camping kampịranje
Chauffeur šofer
Chef šef
Cousin bratić
Cousine sẹstrična

D

da *(Ort)* tu, ovdje; *(Grund)* pošto; *(Zeit)* tada
Dach krov
dafür sein biti za
dagegen sein biti protiv
daheim kod kuće
daher *(Grund)* stoga
damals onda
Dame gospođa, dama
Dämmerung *(Morgen~)* svanuće; *(Abend~)* sumrak
Dampfer parobrod
danach zatim
dankbar zahvalan
danken zahvaliti
dann zatim, onda
dasein biti tu
daß da
dasselbe isto
Datum datum
Dauer trajanje
dauern trajati
Deck paluba
Decke *(Bett~)* pokrivač, *(ugs)* deka; *(Zimmer~)* strop
Defekt kvar
dein tvoj
demnächst uskoro
denken an misliti na *acc*
Denkmal spomenik
denn jer
derselbe isti
deshalb zato
deutlich jasan
deutsch njemački
Deutsche, der, die ~ Nijemac, Njemica
Deutschland Njemačka
Devisen devize *f pl*
dich tebe
dicht *(Nebel)* gust; *adv* tik; ~ **dabei** tik uz
dick debeo; *(geschwollen)* otečen, nadut
Dieb kradljivac, lopov
Diebstahl krađa
dienen služiti
Dienst služba
dieser, diese, dieses ovaj, ova, ovo
Ding stvar *f*
dir tebi
direkt izravan; *(sofort)* odmah
Direktion uprava
Direktor direktor
doch ta, ipak
Doktor doktor
Dokument dokument
Dolmetscher tumač
Dom stolna crkva
doppelt dvostruk
Dorf selo
dort tamo, ondje; ~ **oben/unten** tamo gore/dolje
dorthin onamo, onuda
Dose kutija, limenka
Dosenöffner otvarač za limenke
Draht žica
draußen vani, napolju
drehen okrenuti
drin(nen) unutra
dringend hitan
dritte, der, die, das ~ treći, treća, treće
Drittel, ein ~ trećina
drittens treće
drüben prijeko
drücken *(stoßen)* gurnuti
du ti
dumm glup
Düne sprud
dunkel taman
dünn tanak
durch *(quer ~)* kroz *acc*; *(mittels)* preko *gen*
durchaus nicht nikako
Durchfahrt, Durchgang prolaz
Durchreise prolazak; **auf der** ~ na prolasku
Durchreisevisum tranzitna viza
Durchschnitt prosjek
durchschnittlich *adj* prosječan; *adv* prosječno
dürfen smjeti
dürr suv, *(Ost)* suh
Dürre suša
Durst žeđ *f*
durstig sein biti žedan
Dusche tuš
Dutzend, ein ~ tuce

E

Ebbe ọseka
eben (1) *(flach)* ravan
eben (2) *(zeitlich)* ụpravo
Ebene ravnịca
echt prav
Ecke ụgao *m*
Ehe brak
Ehefrau žena, sụpruga
Ehemann muž, suprug
Ehepaar bračni par
eher *(lieber)* rạdije
Ehering vjẹnčani prsten
Ehre čast *f*
Ei jaje
eigen vlastit; *(eigenartig)* pọseban; *(seltsam)* čudan
Eigenschaft ọsobina
Eigentümer vlasnik
Eile žurba
eilig hitan; **es ~ haben** žụriti se
einander jedan drụgoga
einbehalten zadṛžati
einbiegen, nach rechts/links ~ skrẹnuti desno/lịjevo
Eindruck ụtisak, dojam
einfach jẹdnostavan
Einfahrt ulaz
Einfuhr uvoz
Eingang ulaz
einig sein slạgati se
einige nẹkoliko
einkaufen kupọvati
einladen pọzvati
Einladung poziv
einmal jedạnput
einmünden *(Straße)* ịzlaziti
eins jedan
einschiffen, s. ~ ukṛcati se
einschlafen zạspati
einschließen uključiti
einsteigen ući
eintreffen stići
eintreten ući
Eintritt ulaz; **~ verboten** zạbranjen ulaz
Eintrittskarte ụlaznica
einverstanden sạglasan
Einverständnis spọrazum
einwerfen *(Briefe)* ubạciti
einwickeln zamọtati
einwilligen prịstati
Einwohner stanọvnik
Einzelheit pojedịnost *f*
einzig jẹdini; *(~artig)* jedịnstven
Eis *(Glatt~)* pọledica; *(Speise~)* slạdoled
Eisen sẹljezo, *(Ost)* gvozđe
Eltern rọditelji *m pl*
Empfang *(Erhalt)* prịmanje
Empfangsbestätigung prịznanica
empfangen prịmiti, dọčekati
Empfänger *(Post)* prịmalac
empfehlen preporụčiti
Empfehlung prẹporuka
Ende kraj; **am ~** na kraju
enden svṛšiti (se)
endgültig *adj* kọnačan; *adv* kọnačno
endlich nạpokon
Endstation krajnja stạnica
eng uzak
England Ẹngleska
Engländer/in Ẹnglez, Ẹngleskinja
englisch ẹngleski
Enkel/in ụnuk, ụnuka
entdecken ọtkriti
entfernt ụdaljen
Entfernung ụdaljenost *f*
entgegengesetzt sụprotan
enthalten sadṛžati
entscheiden odlụčiti
entschließen, s. ~ odlụčiti se
entschlossen sein biti ọdlučan
Entschluß ọdluka
entschuldigen oprọstiti, *(Ost)* izvịniti; **~ Sie bitte** oprọstite, molim, *(Ost)* izvịnite, molim; **s. ~** isprịčati se, *(Ost)* izvịniti se
Entschuldigung ịsprika, *(Ost)* izvinjẹnje; **ich bitte um ~** molim za oproštẹnje
enttäuscht razọčaran
entweder . . . oder ili . . . ili
entwickeln rạzviti
Entwicklung razvoj
entzückend divan
entzückt ọčaran, ụshićen
er on
Erde zemlja
Erdgeschoß prịzemlje
ereignen, s. ~ dogọditi se
Ereignis dọgađaj
erfahren (1) *verb* dọznati

erfahren (2) *adj* iskusan
Erfahrung iskustvo
erfinden izumjeti
Erfolg uspjeh
erfreut (über) radostan (zbog *gen*)
Erfrischung okrepa
Ergebnis rezultat
ergreifen uhvatiti
erhalten primiti; *(durch Bemühung)* postići
erhältlich, ist ~ dobije se
erhöhen *(Preise)* povisiti
erholen, s. ~ oporaviti se
erinnern, jdn an etw ~ podsjetiti koga na *acc;* **s. ~** sjećati se
Erkältung prehlada
erkennen prepoznati
erklären *(angeben)* izjaviti; *(deutlich machen)* rastumačiti
erkundigen, s. ~ raspitati se
Erkundigung raspitivanje
erlangen postići
erlauben dopustiti, dozvoliti
Erlaubnis dozvola
erledigen obaviti
Ermäßigung popust
ermöglichen omogućiti
ermüden zamoriti
erneuern obnoviti
ernst ozbiljan
erreichen postići, dosegnuti
Ersatz *(Schaden~)* odšteta
erscheinen pojaviti se; *(Buch)* izaći (iz štampe)
erschöpft iscrpen
erschrecken uplašiti; *(erschrokken sein)* uplašiti se
ersetzen zamijeniti; *(Schaden)* nadoknaditi
erst *(zuerst)* najprije; *(nicht früher als)* tek
erste, der, die, das ~ prvi, prva, prvo
erstens prvo
erstklassig prvorazredan
ertragen podnositi, trpjeti
erwarten očekivati
erwidern odgovoriti
erzählen pričati
erzeugen proizvoditi
Erzeugnis proizvod
Erziehung odgoj, *(Ost)* vaspitanje
es gibt ima
eßbar jestiv
Essen *(Nahrung)* jelo; *(Mahlzeit)* obrok; **beim ~** pri jelu
essen jesti
etwa otprilike
etwas nešto; *(ein wenig)* malo
euch vas
euer vaš
Europa Evropa
Europäer/in Evropljanin, Evropljanka
europäisch evropski
eventuell *adv* eventualno
Examen ispit
Export izvoz
extra posebno

F

Fabrik tvornica, *(Ost)* fabrika
Faden konac
fähig sposoban
Fähre skela, trajekt
fahren voziti; *(lenken)* upravljati
Fahrer vozač
Fahrgast putnik
Fahrkarte vozna karta
Fahrrad bicikl
Fahrstuhl lift, dizalo
Fahrt vožnja
Fall *(Vorfall)* događaj; **auf alle Fälle** u svakom slučaju
fallen pasti
falls ako
falsch pogrešan; *(betrügerisch)* lažan
Familie obitelj *f,* porodica
Familienname prezime
fangen hvatati
Farbe boja
farbig obojen, u boji
fast skoro
faul lijen; *(Obst)* truo
Feder pero; *(elastisch)* opruga, *(ugs)* feder
Federball bedminton
fehlen nedostajati, *(ugs)* faliti

Fehler *(den man macht)* pọgreška; *(den man hat)* mana
feierlich svečan
Feiertag praznik
feilschen cjẹnkati se
fein *(dünn)* tanak; *(vornehm)* fin; *(zart)* nježan
Fenster prozor
Ferien (školski) prạznici *m pl*, fẹrije *f pl;* **in den ~** za vrijẹme prạznika
Fernsehen televịzija
fertig *(bereit)* spreman; *(vollständig)* gotov
fest *(hart)* čvrst; *(dauernd)* stalan
festsetzen utvṛditi
fett mastan
feucht vlažan
Feuer vatra, požar
feuergefährlich lako zapạljiv
Feuerlöscher apạrat za gạšenje pọžara
Feuermelder javljač pọžara
Feuerzeug upạljač
Fieber grọznica
Filiale filijạla, pọdružnica
Film *(Photo, Kino)* film
finden naći
Finger prst
Fingerspitze jạgodica, vrh prsta
finster mračan
Firma firma
Fisch riba
fischen ribạriti, pẹcati
Fischer ribar
Fischhändler tṛgovac ribom
flach plitak
Flamme plamen
Flasche boca, flaša
Fleck(en) mrlja
Fleckenmittel sredstvo za čịšćenje mrlja
Fleisch meso
fleißig vrijẹdan
flicken kṛpiti
Fliege muha
fliegen lẹtjeti
fließen teći
Flugzeug avịon
Fluß rijẹka
flüssig tẹkući
Flut plima
folgen slijẹditi
fordern zahtijẹvati
Forderung zahtjev
Form oblik
Formular obrạzac, formụlar; **ein ~ ausfüllen** ịspuniti formụlar
fort ọdsutan, ọtišao
Fortschritt nạpredak
fortsetzen nạstaviti
forttragen ọdnijeti
Fotoapparat foto-apạrat
fotografieren snịmati, fotografịrati
Fracht teret
Frage pịtanje
fragen pịtati
frankieren plạtiti poštạrinu, frankịrati
Frankreich Frạncuska
Franzose Francuz
Französin Frạncuskinja
französisch frạncuski
Frau žena; *(Anrede, vor Namen)* gọspođa; *(Ehe~)* žena, sụpruga
Fräulein gọspođica
frei slọbodan; *(gratis)* bẹsplatan; **im Freien** na ọtvorenom
fremd *(ausländisch)* stran; *(unbekannt)* nẹpoznat
Fremde, der, die ~ stranac, strạnkinja
Fremdenführer vodič
Freude radost *f*, vesẹlje
freuen, s. ~ auf/über rạdovati se *dat*
Freund/in prịjatelj, prijatẹljica
freundlich prịjazan
Freundlichkeit prijạznost *f*
Freundschaft prijatẹljstvo
Friede mir
Friedhof groblje
frieren zepsti
frisch svjež; *(neu)* nov; *(Wäsche)* čist
froh *(zufrieden)* zạdovoljan; *(glücklich)* sretan; *(lustig)* vẹseo
früh rani
früher *(eher)* prije; *(damals)* nẹkad(a)
Frühling prọljeće
Frühstück dọručak, zạjutrak
fühlen ọsjećati
führen vọditi
Führer *(für Fremde)* vodič
füllen pụniti
Fundbüro nạlazni ured
Funke iskra
funktionieren rạditi, funkcionịrati
für za *acc*
Furcht strah

fürchten strahovati; **s. ~ vor** bojati se *gen*
fürchterlich strašan
Fuß noga; **zu ~** pješice
Fußball nogomet, *(Ost)* fudbal
Fußballmannschaft nogometna momčad *f*
Fußgänger pješak

G

Gabel viljuška, vilica
Galerie galerija
Gang *(Auto)* brzina; *(Durchgang)* prolaz; *(Essen)* jelo; *(Flur)* hodnik
ganz *adj* čitav; sav, sva, svo; *pl* svi, sve, sva; *(vollständig)* potpun; *adv* sasvim
Ganze, das ~ cjelina
gar *(gekocht)* kuhan
gar nicht nimalo, nikako
Garage garaža
Garantie garancija
Garten vrt
Gasse ulica
Gast gost
Gastfreundschaft gostoljubivost *f*
Gasthaus, ~hof gostionica
Gastwirt gostioničar
Gebäude zgrada
geben dati
Gebet molitva
Gebirge planina
geboren rođen
Gebrauch upotreba
gebrauchen upotrijebiti
gebräuchlich uobičajen
Gebühren dažbine *f pl*, takse *f pl*
Geburt rođenje
gebürtig aus rodom iz *gen*
Geburtsdatum datum rođenja
Geburtsort mjesto rođenja
Geburtstag rođendan
Gedanke misao *f*
Geduld strpljenje
geduldig strpljiv
Gefahr opasnost *f*
gefährlich opasan
Gefallen usluga
gefallen sviđati se
Gefälligkeit usluga
Gefäß posuda
Gefühl osjećaj
gegen *(wider)* protiv *gen; (in Richtung auf)* prema *dat; (zeitlich)* oko *gen*
Gegend kraj
Gegenstand *(Gesprächs~, Ding)* predmet
Gegenteil suprotnost *f;* **im ~** naprotiv
gegenüber *adv* nasuprot
Gegenwert protuvrijednost *f*
geheim tajan
gehen ići; *(zu Fuß)* hodati; **geradeaus ~** ići ravno; **vorwärts ~** ići naprijed, napredovati; **zurück ~** ići natrag, vraćati se
gehören pripadati
Geistlicher svećenik, *(Ost)* sveštenik
geistreich duhovit
Gelände zemljište, teren
gelb žut
Geld novac
Geldbeutel novčarka
Geldstrafe globa
Geldstück kovan novac
Geldwechsel mijenjanje novca
Gelegenheit prilika
gelegentlich *adv* prigodom
gelten vrijediti
gemein podal; *(ordinär)* prostački
gemeinsam *adj* zajednički; *adv* zajedno
Gemüse povrće
genau točan; **~so ... wie** isto tako ... kao i
Genauigkeit točnost *f*
genehmigen odobriti
genießen uživati
genug dosta
Genuß užitak
geöffnet otvoren
Gepäck prtljaga
Gepäckaufbewahrung garderoba
Gepäckschein ostavnica
Gepäckträger nosač
gerade (1) *adj* ravan
gerade (2) *(zeitlich)* upravo
Geräusch šum

gerecht prạvedan
Gericht *(Essen)* jelo; *(Justiz)* sud
gering malen; ~**er** manji
gern rado; **nicht** ~ nẹrado
Geruch miris
Gesang pjẹvanje
Geschäft *(Laden, Handel)* tṛgovina
Geschäftsführer pọslovođa *m*
geschehen dogọditi se; **was ist** ~? što se dogọdilo?
Geschenk poklon
Geschichte pọvijest *f*, hịstorija
geschickt vješt
geschlossen zạtvoren
Geschmack ukus
Geschwindigkeit brzịna
Gesicht lice
Gespräch rạzgovor
gestern juče(r)
gesund zdrav
Gesundheit zdravlje
Getränk piće
gewähren dopụstiti
gewaltig silan
Gewebe tkạnina
Gewicht težịna
Gewinn dobit *f*
gewinnen dọbiti
gewiß *adj* ịzvjestan, sịguran; *adv* sịgurno
gewissenhaft sạvjestan
Gewitter olụja
gewöhnen, s. ~ **an** nạviknuti se na *acc*
Gewohnheit nạvika
gewöhnlich *(üblich)* ọbičan; *(ordinär)* prost
gewohnt sein biti nạviknut
gibt, es ~ ima
Gift otrov
giftig ọtrovan
Gipfel vrh
Gitter rẹšetka
glänzen blịstati
glänzend blistav
Glas *(Scheibe)* staklo; *(Trink~)* čaša
Glaube vjera
glauben vjẹrovati
gleich (1) *adj* jednak
gleich (2) *(sofort)* odmah
gleichen slịčiti
gleichwertig jẹdnako vrijẹdan
gleichzeitig *adv* istọvremen
Gleis kọlosijek
Glocke zvono
Glück sreća; **viel** ~! sretno!
glücklich sretan
Glückwünsche čẹstitke *f pl*
Glühbirne žạrulja, *(Ost)* sịjalica
Gold zlato
Golfplatz ịgralište za golf
Gott bog; ~ **sei Dank!** hvala bogu!
gratis bẹsplatno
gratulieren čestịtati
grau siv
Grenze grạnica
Griff *(Hand~)* držak
groß velik; *(bedeutend)* važan
großartig veličạnstven
Größe *(auch Kleidung, Schuhe)* veličịna
Großmutter baka
Großvater djed
grün zelen
Grund razlog; *(Beweg~)* pọbuda
Gruppe grupa
grüßen pọzdraviti
gültig vạžeći, valjan
Gültigkeit valjạnost *f*
günstig *(Preis)* pọvoljan
gut *adj* dobar; *adv* dobro
Gutschein bon
Gymnastik gimnạstika

H

Haar(e) kosa
haben ịmati
Hafen luka
Hahn pijẹtao *m*; *(Wasser~)* slạvina
Haken kuka; *(Kleider~)* vjẹšalica, *(Ost)* čivịluk
halb po(l)
Hälfte polọvina
Hals vrat; *(Kehle)* grlo

halt! stoj!
haltbar postojan, trajan
halten *(fest~)* držati; *(dauern)* trajati; *(stehenbleiben)* stati
Haltestelle stanica
Hammer čekić
Hand ruka
handeln raditi; *(feilschen)* cjenkati se
handgemacht ručno izrađen
Handgepäck priručna prtljaga
Handschuh rukavica; **ein Paar ~e** par rukavica
Handtasche torbica
Handtuch ručnik, *(Ost)* peškir
Hang *(Ab~)* nagib
hängen *(auf~)* objesiti
hart tvrd
Härte tvrdoća
häßlich ružan
häufig *adv* često
Hauptbahnhof glavni kolodvor, *(Ost)* glavna željeznička stanica
hauptsächlich *adj* glavni; *adv* uglavnom
Hauptstadt glavni grad
Hauptstraße glavna ulica
Haus kuća, dom
Haustür kućna vrata *n pl*
Haut koža
heben dizati
Heft bilježnica, *(Ost)* sveska
heilig svet
Heimat zavičaj
Heimreise povratak kući
Heirat *(des Mannes)* ženidba; *(der Frau)* udaja
heiraten *(beim Mann)* oženiti se; *(bei der Frau)* udati se
heiß vruć
heizen grijati, ložiti
Heizöl ulje za loženje, *(ugs)* lož-ulje
Heizung grijanje, loženje
helfen, jdm ~ pomoći komu
hell svijetao
Hemd košulja
herabsetzen *(Preise)* sniziti
heraufsetzen *(Preise)* povisiti
herausgeben *(Geld)* izvratiti
herb *(Wein)* opor
Herbst jesen *f*
herein! naprijed!
Herr gospodin
herrlich krasan
Herz srce
herzlich srdačan
Herzlichkeit srdačnost *f*
heute danas; **~ abend** večeras; **~ nacht** noćas
hier ovdje
hierher ovamo
Hilfe pomoć *f;* **Erste ~** prva pomoć *f*
Himmel nebo
hinaufgehen popeti se
hinausgehen izaći
hindern priječiti
hineingehen ući
hinlegen položiti; **s. ~** leći
hinsetzen, s. ~ sjesti
hinten straga
hinterlegen pohraniti, deponirati
hinuntergehen sići
hinzufügen dodati
Hitze vrućina
hoch visok
Hochsaison glavna sezona
höchstens najviše
Hochzeit *(Feier)* svadba, svatovi *m pl*
Hof dvorište
hoffen nadati se
höflich uljudan
Höflichkeit uljudnost *f*
Höhe visina
Höhepunkt vrhunac
Holz drvo
Honorar honorar
hören čuti; *(zu~)* slušati
Hörer *(tele)* slušalica
Hose hlače *f pl*, *(Ost)* pantalone *f pl*
Hotel hotel
hübsch zgodan
Hügel brežuljak
Hund pas
hundert sto, stotina; **~mal** stoput
Hunger glad *m/f*
hungrig sein biti gladan
Husten kašalj
Hut šešir
hüten, s. ~ (vor) čuvati se (od *gen*)
Hütte koliba; *(Berg~)* alpska kućica

?

I

ich ja
Idee ideja
ihr (1) *pers prn* vi
ihr (2) *poss prn f sing* njezin, njezina, njezino; *pl* njihov
Imbiß zakuska
immer uvijek
imstande sein moći
in u *acc/loc*
inbegriffen uračunat
Inhalt sadržaj
innen unutra
Innere, das ~ unutrašnjost *f*
innerhalb *(zeitlich)* u roku od *gen*
Insel otok, *(Ost)* ostrvo
Inserat oglas
Institut institut
interessant zanimljiv
Interesse zanimanje
interessieren, s. ~ (für) zanimati se (za *acc*)
inzwischen međutim
irgend etwas išta; *(etwas Beliebiges)* bilo što
irgendwie nekako
irgendwo negdje
irgendwohin nekamo
irren, s. ~ varati se
Irrtum zabluda
Italien Italija
Italiener/in Talijan, Talijanka, *(Ost)* Italijan, Italijanka
italienisch talijanski, *(Ost)* italijanski

J

ja da, jest
Jahr godina
Jahreszeit godišnje doba *n*
Jahrhundert stoljeće, vijek
jährlich *adj* godišnji; *adv* godišnje
jeder *adj/prn* svaki; ~ **beliebige** ma tko
jedesmal svaki put
jedoch ipak
jemals ikada
jemand netko
jener, jene, jenes onaj, ona, ono
jenseits s one strane
jetzt sad(a)
Journalist novinar
Jugend mladost *f*
Jugoslawe Jugoslaven
Jugoslawien Jugoslavija
Jugoslawin Jugoslavenka
jugoslawisch jugoslavenski
jung mlad
Junge mladić
jünger mlađi
Junggeselle neženja *m*
Junggesellin neudavača
Juwelier draguljar, juvelir

K

Kabine kabina
Kaffee kava, *(Ost)* kafa
Kahn čamac
kalt hladan
Kapelle *(Gebäude)* kapela; *(Musik~)* muzička kapela
Kapitän kapetan
kaputt pokvaren, uništen
Karte *(Fahr~)* (vozna) karta; *(Eintritts~)* ulaznica; *(Land~)* (geografska) karta, mapa; *(Post~)* dopisnica; *(Speise~)* jelovnik; *(Spiel~)* (igraća) karta
Käse sir
Kasse blagajna, kasa
Kauf kupovina

kaufen kupiti
Käufer kupac
Kaufhaus robna kuća
kaum jedva
Kaution kaucija
kein nijedan
keiner nijedan, nitko
keinesfalls nikako
Kellner/in konobar, konobarica, *(Ost)* kelner, kelnerica
kennen znati
kennenlernen upoznati
Kenntnis znanje
Keramik keramika
Kerze svijeća
Kette lanac; *(Hals~)* ogrlica
Kilogramm kilogram
Kilometer kilometar
Kind dijete
Kino kino *m/n*, *(Ost)* bioskop
Kirche crkva
Kirchturm zvonik
Kissen jastuk
Kiste sanduk
Klage tužba
Klang zvuk
klar jasan
Klasse razred
Kleid haljina
Kleiderbügel vješalica
Kleiderbürste četka za odjeću
Kleidung odjeća
klein malen; *(Alter)* mlad
kleiner *(jünger)* mlađi
Kleingeld sitniš
Klingel zvonce
klingeln zvoniti
Kloster *(Mönchs~)* samostan, *(Ost)* manastir; *(Nonnen~)* ženski samostan
klug pametan
Kneipe krčma, *(ugs)* birtija
knipsen škljocnuti
Knopf gumb, dugme; **(auf) einen ~ drücken** pritisnuti dugme
Knoten čvor
Koch kuhar
kochen *(Essen zubereiten)* kuhati; *(Wasser)* vreti
Kocher kuhalo, rešo *m*
Koffer kovčeg, kofer
Kohle ugalj
kommen doći
Kompaß kompas
König/in kralj, kraljica
können moći, znati; *(gelernt haben)* umjeti
Konsulat konzulat
konsultieren tražiti savjet
Kontakt dodir
Kontrolleur kontrolor
Konzert koncert
Kopf glava
Kopfkissen jastuk
Kopfschmerzen glavobolja
Korb košara
Korkenzieher vadičep
Körper tijelo
korrekt ispravan
kosten stajati, *(ugs)* koštati
Kosten trošak
kostenlos besplatan
kostspielig skupocjen
Kraft snaga
kräftig snažan
krank bolestan; **~ werden** razboljeti se
Krankenhaus bolnica
Krankenschwester bolničarka, medicinska sestra
Krankheit bolest *f*
Kredit kredit
Kreuzung *(Straße)* raskršće, *(Ost)* raskrsnica
Krieg rat
Kroate Hrvat
Kroatien Hrvatska
Kroatin Hrvatica
Küche kuhinja
kühl hladan
Kunde mušterija
Kunst umjetnost *f*
Künstler/in umjetnik, umjetnica
Kurort lječilište
Kurs *(Unterricht, Wechsel~)* tečaj, kurs
Kurve zavoj
kurz *(räumlich)* kratak; *(kurzgefaßt)* sažet
kurzfristig kratkoročan
kürzlich nedavno
Kuß poljubac
küssen poljubiti
Küste obala

L

lachen smịjati se
Laden tṛgovina, prodavaọnica, dućan
Lage pọložaj
Lampe svjẹtiljka, lampa
Land zemlja; *(Gegensatz zu Wasser)* kopno
Landgut imạnje
Landhaus ljẹtnikovac
landen prịstati
Landschaft prẹdio *m*
Landsmann zemljak
Landstraße cesta
Landung prịstajanje
lang dug, dụgačak
Länge duljịna
langsam *adj* polạgan, spor
langweilig dọsadan
Lärm buka
lassen *(zulassen)* dopụstiti
lästig nẹsnosan
Lastwagen kamịon
laufen tṛčati
Laune volja, ćud *f*
laut glasan; ~ **sprechen** glasno govọriti
läuten zvọniti
Lautsprecher zvučnik
Leben život
leben žịvjeti
lebend živ
Lebensmittel nạmirnice *f pl*
lebhaft žịvahan
Leder koža
ledig *(Mann)* neọženjen; *(Frau)* nẹudata
leer prazan
legen stạviti
lehren poučạvati
Lehrer/in ụčitelj, učitẹljica
leicht *(einfach)* lak; *(Gewicht)* lagan
leider nạ žalost
leihen *(ver~)* posụditi (komu); *(ent~)* posụditi (od koga)
leise tih; ~ **sprechen** tiho govọriti
Leiter (1) *m* vođa *m*
Leiter (2) *f* ljestve *f pl*
Leitung *(el, tele, Gas, Wasser)* vod
lernen ụčiti
lesen čịtati
leuchtend svijẹtleći, svịjetao
leugnen porịcati
Leute ljudi *m pl*
Licht svjetlo; ~ **anmachen/ausmachen** upạliti/ugạsiti svjetlo
lieb drag; **jdn** ~ **haben** vọljeti koga
Liebe ljubav *f*
lieben vọljeti, ljụbiti
liebenswürdig ljụbazan
Liebenswürdigkeit ljụbaznost *f*
lieber rạdije; ~ **haben** više vọljeti
Liebling ljubịmac
Lied pjesma
liefern dọbavljati
liegen *(s. befinden)* nạlaziti se; *(ausgestreckt sein)* lẹžati
liegenlassen *(vergessen)* zabọraviti
Liegestuhl lẹžaljka
Lift dịzalo, lift
Linie crta
linke, linker, linkes lịjevi, lịjeva, lịjevo
links lịjevo
Lippe usna
Liste lista, popis
Liter litra
loben hvạliti
Loch rupa
Löffel žlica, *(Ost)* kạšika
Loge *(Theater)* loža
Lokal *(Gaststätte)* gostiọnica, restọran
löschen gạsiti
lösen rijẹšiti
Luft zrak, *(Ost)* vazduh
lüften prozrạčiti
Luftmatraze dušek za nadụhanje
Luftpumpe zračna (*Ost* vạzdušna) pumpa
Luftzug propuh, *(Ost)* prọmaja
Lüge laž
lustig vẹseo; *(erheiternd)* zạbavan
luxuriös lụksuzan, rạskošan
Luxus luksuz, raskoš

M

machen *(herstellen)* nạpraviti; ~ **lassen** dati nạpraviti
Mädchen djẹvojka
mager mršav
Mahlzeit obrok
Makedonien Makẹdonija
Makedonier/in Makedọnac, Makẹdonka
Mal put; **einmal** jedạnput; **jedesmal** svaki put; **zweimal** dvaput
malen slịkati
Maler slikar
Malerei slịkarstvo
malerisch slikọvit
man se
manchmal pọnekad
Mangel *(Fehlen)* nedostạtak; *(Fehler)* mana
Mann muškạrac; *(Ehe~)* muž, suprug
männlich muški
Mannschaft *(Sport)* momčad *f*, ekịpa; *(Schiff)* pọsada
Mantel ogṛtač, kaput
Mappe *(Akten~)* ạktovka
Mark marka
Marke marka
Markt tṛžište, trg
Marmelade pekmez, marmelạda
Maß mjera
Mauer zid
Meer more
mehr više; ~ **als** više nego; ~ **oder weniger** više-manje
mein moj
meinen mịsliti
meinerseits s moje strane
meinetwegen zbog mene
Meinung mịšljenje; **meiner ~ nach** po mom mịšljenju
melden jạviti; *(berichten)* izvijẹstiti
Menge količịna; *(Menschen~)* svjẹtina; **eine** ~ mnoštvo, gọmila
Mensch čovjek
menschlich ljudski
Menü meni *m*
merken ọpaziti; **s. etw** ~ zạpamtiti
Messe *(rel)* misa, *(Ost)* bogoslụženje; *(Ausstellung)* sajam
messen mjẹriti
Messer nož
Meter metar
mich mene, me
Miete najam
mieten iznạjmiti
Milch mlijẹko
mild blag
mindestens nạjmanje
Minute minụta
mir meni, mi
Mißbrauch zlọupotreba
mißbrauchen zlọrabiti
mißtrauen nẹmati povjerẹnja
Mißverständnis nẹsporazum
mißverstehen krivo razụmjeti
mit s, sa *ins*
mitbringen dọnijeti
Mitleid sạmilost *f*
mitnehmen ụzeti sa sobom
Mittag podne
Mittagessen ručak
mittags u pọdne
Mitte sredịna
mitteilen saọpćiti
Mitteilung saopćẹnje
Mittel sredstvo; *(Heil~)* lijek
Mittelmeer Sredọzemno more
Mitternacht ponoć *f*; **um** ~ u ponoć
Möbel nạmještaj
möblieren nạmjestiti (stan)
Mode moda
modern mọderan; *(neuzeitlich)* sụvremen
mögen *(gern haben)* vọljeti; *(wünschen)* žẹljeti
möglich moguć; **so bald wie** ~ što prije
Möglichkeit mogụćnost *f*
Mole gat, mol
Moment trenụtak
Monat mjesec
monatlich *adj* mjẹsečni; *adv* mjẹsečno
Mond mjesec
Montenegriner/in Crnọgorac, Crnọgorka
Montenegro Crna Gora
Morgen jutro
morgen sutra; ~ **früh/abend** sutra ụjutro/ụveče(r)
morgens ụjutro

Motor motor
Motorboot motorni čamac
Motorrad motocikl
Mücke komarac
müde umoran
Mühe muka, trud; **s. ~ geben** potruditi se
Mund usta *n pl*
münden *(Fluß)* utjecati; *(Straße)* izlaziti
Münze novčić, kovan novac
Muschel školjka; *(Telefon~)* slušalica
Museum muzej
Musik glazba, muzika
Muskel mišić
müssen morati
Muster uzor; *(Probe)* uzorak
Mutter majka, mati *f*
Mütze kapa

N

nach *(zeitlich)* poslije, nakon; **~ Jugoslawien** u Jugoslaviju; **~ Zagreb** u Zagreb
Nachbar susjed, *(Ost)* komšija *m*
nachher poslije
Nachmittag popodne
nachmittags po podne
nachprüfen provjeriti
Nachricht vijest *f*
nachsenden poslati za kim
nächste slijedeći, idući
Nacht noć *f*; **bei ~** noću; **heute nacht** noćas
Nachteil šteta
Nachtessen večera
Nachtlokal noćni lokal
nachts noćas
Nadel igla
Nagel čavao, *(ugs)* ekser; *(Finger~)* nokat
nahe blizak; **~ bei** blizu *gen*
Nähe blizina
nähern, s. ~ približiti se
nahrhaft hranjiv
Nahrung hrana
Nahrungsmittel namirnice *f pl*
Name ime
naß mokar; *(durchnäßt)* promočen
Nation narod, nacija
Natur priroda, narav *f*
natürlich *adj* prirodan, naravan; *adv* naravno
Nebel magla
neben pokraj *gen*
Neffe nećak
nehmen uzeti
nein ne
nennen nazvati
nett *(hübsch)* zgodan; *(freundlich)* prijazan
Netz mreža
neu nov; *(ungebraucht)* nerabljen
neugierig radoznao
Neuheit novina
Neuigkeit novost *f*
Neujahr Nova godina
neulich nedavno
nicht ne; **~ einmal** niti; **~ wahr?** zar ne?; **gar ~** nikako; **noch ~** još ne
Nichte nećakinja
nichts ništa; **sonst ~** ništa više
nie nikad(a)
nieder, niedrig nizak
niemand nitko
nirgends nigdje
noch još; **~ nicht** još ne
Nonne opatica, *(Ost)* kaluđerica
Norden sjever
nördlich sjeverni; **~ von** sjeverno od *gen*
Nordosten sjeveroistok
Nordwesten sjeverozapad
Notfall, im ~ u slučaju nužde
notieren zabilježiti
nötig nuždan, potreban
Notizblock notes
notwendig potreban
Notwendigkeit potreba, nužda
Null ništica, nula
numerieren numerirati, označiti brojem
Nummer broj
nun sad(a)
nur samo
nützlich koristan
nutzlos beskoristan

O

ob da li
oben gore; **dort** ~ tamo gore; **nach** ~ nạviše
obgleich premda
Obst voće
obwohl premda
oder ili
Ofen peć *f*
offen ọtvoren
offenbar *adv* očẹvidan
öffentlich javan
offiziell služben
öffnen otvọriti
oft često
ohne bez *gen*
Ohr uho
Ohrring nạušnica
Öl ulje
Omnibus autọbus
Onkel ujak, stric, tetak
Oper ọpera
Orden *(rel)* red; *(Auszeichnung)* orden
ordentlich *(geordnet)* ụredan; *(Mensch)* čestit
Ordnung red
Ort mjesto
Ortschaft mjesto
Osten istok
Ostern Uskrs
Österreich Ạustrija
Österreicher/in Austrijạnac, Austrijanka
Ozean ocẹan

P

Paar, ein ~ par; *(Ehe~)* bračni par
paar, ein ~ nẹkoliko
Päckchen pakẹtić
packen *(Koffer)* pạkovati
Paket paket
Papier papir, *(Ost)* hạrtija
Parfüm parfem
Park park
parken parkịrati
Parkplatz parkịralište
Paß (1) *(Ausweis)* pasoš
Paß (2) *(Gebirge)* prijẹvoj
Passagier putnik
passen *(Kleidung)* prịstajati; *(gelegen kommen)* odgovạrati
passieren dogọditi se
Pelz krzno
Peripherie perifẹrija
Person ọsoba
Personal ọsoblje
Personalien ọsobni podạci *m pl*
persönlich ọsoban, ličan
Pfad staza
Pfand zalog; *(Flaschen~)* kạucija
Pfarrer *(katholisch)* župnik; *(protestantisch)* pastor; *(orthodox)* paroh
Pfeife svịrala; *(Tabaks~)* lula
Pferd konj
Pfingsten Dụhovi *m pl*
Pflanze biljka
Pflicht dužnost *f*
pflücken brati
Pförtner vratar
Pfund *(Gewicht)* funta
Plan plan; *(Absicht)* nạmjera; *(Entwurf)* nacrt
Platte *(zum Anrichten)* poslụžavnik; *(Schall~)* gramọfonska ploča
Plattenspieler gramọfon
Platz mjesto
plötzlich ịznenadan
Polizei polịcija, mịlicija
Polizeiwache polịcijska/milịcijska stạnica
Polizist policạjac, milicịonar
Portal portal
Portier vratar, portir
Porto poštạrina
Porzellan porcụlan
Post pošta; **auf die/der** ~ nạ poštu, nạ pošti
Postamt pọštanski ured, pošta
Postkarte dọpisnica

prächtig divan, sjajan
praktisch prạktičan
Predigt prọpovijed *f*
Preis cijẹna
Priester pop, svẹćenik, *(Ost)* svẹštenik
privat prịvatan
Probe pokus
probieren pọkušati, *(ugs)* prọbati; *(Speisen)* kụšati
Produkt proịzvod
Programm program
Prospekt prospekt
protestieren protestịrati, bụniti se
Prozent posto, odsto
Prozentsatz pọstotak, procent
prüfen ispịtati
Prüfung ispit
Puder puder
Pullover pulọver
Pulver prašak
Punkt točka
pünktlich točan
putzen čịstiti

Q

Qualität kvalịtet, kakvọća
quer durch pọprijeko
quittieren dati prịznanicu
Quittung prịznanica

R

Rabatt rabat
Rad kotač, točak; *(Fahr~)* bicịkl
Radio rạdio
Radioapparat radio-apạrat
Rand rub
rasch *adj* brz; *adv* brzo
Rasierapparat apạrat za brịjanje
Rat savjet; **jdn um ~ fragen** pịtati za savjet
raten *(Rat erteilen)* sạvjetovati; *(er~)* pogọditi
Rauch dim
rauchen pụšiti
Raum prostor; *(Räumlichkeit)* prostọrija
rechnen račụnati
Rechnung račun
Rechnungsbetrag svota račụna
Recht pravo
recht haben ịmati pravo
rechte, rechter, rechtes desni, desna, desno
rechts desno
rechtzeitig *adv* pravọvremeno
reden govọriti
regelmäßig *adj* prạvilan, rẹdovan; *adv* prạvilno, rẹdovno
regeln srẹditi
Regen kiša
Regenmantel kišni ogṛtač, kišna kabạnica
Regenschirm kịšobran
regnen kịšiti, pạdati (kiša)
reich bogat
reichen *(aus~)* dọstajati; *(geben)* prụžiti; *(s. erstrecken)* dọpirati, sẹzati
Reichtum bogạtstvo
reif zreo
Reihe red
reinigen čịstiti
Reinigung *(Geschäft)* čistiọnica
Reise putovạnje, put; **auf der ~** na putovạnju
Reisebüro pụtnička agẹncija
reisen (nach) putọvati (u *acc*)
Reisende, der, die ~ putnik, pụtnica
Reiseroute maršrụta, pravac puta
reißen *(ziehen)* vući; *(kaputtgehen)* pọtrgati
Reißnagel čavlić, *(ugs)* rajsnegl
Reißverschluß patẹntni zatvạrač
Reklame reklạma

reklamieren prigovọriti, potražịvati
rennen tṛčati
Reparatur pọpravak
Reparaturwerkstatt radiọnica za pọpravke
reservieren rezervịrati
Rest ostạtak; *(Stoff~)* ostạtak, *(ugs)* restl
Restaurant restọran, restaurạcija
retten spạsiti
Revue *(Vorstellung)* rẹvija; *(Zeitschrift)* čạsopis
Richter sudac, *(Ost)* sụdija *m*
richtig *(Gegensatz zu falsch)* ịspravan, točan; *(geeignet)* pọdesan
richtigstellen ịspraviti
Richtung smjer, pravac
riechen mirịsati
Riegel zapor
Riemen remen
Ring prsten
Risiko rizik
Rohr cijev *f*
rot crven
Route maršrụta
Rückfahrt, Rückkehr pọvratak
Rücksicht obzir
rücksichtslos bẹzobziran
rückwärts nazad
rudern vẹslati
rufen zvati
Ruhe odmor; *(seelisch)* mirnọća; *(Stille)* tišịna, mir
ruhen *(aus~)* odmạrati se, počịvati
ruhig miran, tih
rund ọkrugao
Rundfahrt kružno putọvanje

S

Saal dvorạna
Sache *(Ding)* stvar *f*; *(Angelegenheit)* pọsao
Sack vreća
sagen reći, kạzati
Saison sezọna; **außerhalb der ~** van sezọne
sammeln skụpljati; *(auf~)* nạkupiti
Sammlung zbirka
Samt baršun, samt
Sand pijẹsak
Satz rečẹnica
sauber čist
sauer kịseo
Säule stup
Schachtel kụtija
schade, es ist ~ šteta je; **wie ~!** kakva šteta!
schaden škọditi
Schaden šteta
Schadenersatz nạknada štete
schädlich štetan
Schaffner kondụkter
Schallplatte gramọfonska ploča
Schalter šalter; *(el)* prekịdač
scharf oštar
Schatten sjena
schätzen procijẹniti
schauen glẹdati
Schaufel lọpata
Schaufenster izlog
Schauspiel *(Theater)* ịgrokaz, drama
Scheck ček
Scheibe *(Fenster)* okno; *(Brot)* kriška
Schein (1) *(Geld~)* novčạnica
Schein (2) *(Anschein)* prịvidnost *f*
scheinen čịniti se; *(glänzen)* sjati
schenken poklọniti
Schere škare *f pl*, *(Ost)* mạkaze *f pl*
Scherz šala
schicken pọslati
schießen gạđati, pụcati
Schiff brod; *(Dampfer)* pạrobrod; *(Kirchen~)* lađa
Schirm kịšobran
Schlaf san
schlafen spạvati
Schlafmittel sredstvo za spạvanje
Schlafwagen spạvaća kola
Schlafzimmer spạvaća soba
Schlag ụdarac
schlagen ụdarati, tući; *(Uhr)* izbịjati
Schlamm blato

Schlange zmija; ~ **stehen** stạjati u repu
schlank vitak
schlau lukav
Schlauch ụnutarnja guma, zrạčnica, gụmena cijev
schlecht *adj* rđav, loš; *adv* ṛđavo, loše
schließen zatvọriti
schlimm zločest, zao; ~**er** gori; ~**st** nạjgori
Schloß *(Gebäude)* dvorac; *(Tür)* brava
Schluck gutljaj
Schluß *(Ende)* kraj
Schlüssel ključ
schmackhaft ụkusan
schmal uzak
schmecken prịjati
Schmerz bol
schmerzen bọljeti
schmerzhaft bolan
Schmuck nakit
Schmutz prljạvština; *(Schlamm)* blato
schmutzig prljav
Schnee snijeg
schneiden rẹzati, sjeći
Schneider/in krojač, krojạčica
schneien snijẹžiti, pạdati (snijeg)
schnell *adj* brz; *adv* brzo
Schnelligkeit brzịna
Schnur vrpca
schon već
schön lijep
Schönheit ljepọta
Schraube vijak, *(ugs)* šaraf
schrecklich strašan
schreiben pịsati
schreien vịkati
Schrift *(Hand~)* rụkopis
schriftlich pịsmen
Schritt korak
Schuh cịpela
Schuhband vẹzica za cịpele, *(ugs)* pertla
Schuhbürste četka za cịpele
Schuhcreme krema za cịpele
Schuhgeschäft trgovina cịpelama
Schuhmacher ọbućar
Schuld krivịca; *(Geld)* dug
schulden dugọvati
Schule škola
Schulter rame
Schuß hitac
Schüssel zdjela
Schuster ọbućar
Schutz zạštita
schwach slab
Schwäche slabost *f*
Schwager šurjak
Schwägerin šurjạkinja
schwarz crn
Schweigen šutnja
schweigen šụtjeti
schweigend šụteći
Schweiz Švịcarska
Schweizer/in Švịcarac, Švịcarka
schwer težak
Schwester sestra; *(Kranken~)* bọlničarka, medịcinska sestra; *(Ordens~)* časna sestra
schwierig težak
Schwierigkeit teškọća
Schwimmbad plịvalište
schwimmen plịvati
Schwindler vạralica *m*
schwitzen znọjiti se
See (1) *f (Meer)* more
See (2) *m (Binnengewässer)* jẹzero
sehen vịdjeti, glẹdati
Sehenswürdigkeiten znạmenitosti *f pl*
sehr vrlo, veọma
Seide svila
Seife sapun
Seil uže
sein (1) *verb* biti
sein (2) *poss prn* njegov
seit *prp* od *gen;* ~ **wann?** ọtkad(a)?; *conj* ọtkako
seitdem ọtkako, otạda
Seite strana; *(Buch~)* strạnica
Sekunde sekụnda
selbstverständlich nạravno
selten *adj* rijẹdak; *adv* rijẹtko
senden *(schicken)* slati
Sendung *(Radio, Fernsehen)* emịsija
Serbe Srbin
Serbien Sṛbija
Serbin Sṛpkinja
serbokroatisch srpskohṛvatski
setzen stạviti; **s.** ~ sjesti
sicher *adj* siguran; *adv* sigurno
Sicherheit sigụrnost *f*; *(Garantie)* garạncija
Sicherheitsnadel zapịnjača, *(ugs)* zịherica
Sicherung *(el)* osigụrač

Sicht vidik
sichtbar vidljiv
Sichtvermerk viza
Signal znak, signal
Silber srebro
singen pjẹvati
Sinn osjẹtilo
Sitz sjẹdalo
sitzen sjẹditi
Slowene Slovẹnac
Slowenien Slọvenija
Slowenin Slọvenka
so ovạko, tako
sofort odmah
sogar čak, dạpače
Sohn sin
solange als dok
solch takav
sollen trẹbati, mọrati
Sommer ljeto
Sonder . . . pọseban
sondern nego
Sonne sunce
Sonnenaufgang, bei ~ pri ịzlasku sunca
Sonnenbrille nạočale protiv sunca *f pl*
Sonnenschirm sụncobran
Sonnenuntergang, bei ~ pri zạlasku sunca
sonst ịnače; **~ noch** osim toga
Sorge briga
sorgen, ~ für, s. ~ um brịnuti se za *acc*
Sorgfalt brịžljivost *f*
sorgfältig brižljiv
Sorte vrsta
Spanien Špạnjolska, *(Ost)* Špạnija
Spanier/in Špạnjọlac, Špạnjolka, *(Ost)* Špạnac, Špạnkinja
spanisch špạnjolski, *(Ost)* španski
sparen štẹdjeti
Spaß *(Scherz)* šala; *(Vergnügen)* užịtak
spät kasan
spazierengehen šẹtati
Spaziergang šetnja; **einen ~ machen** prošẹtati se
Speise *(Gericht)* jelo
Speisekarte jẹlovnik
Speisesaal blagovaọnica, *(Ost)* trpezạrija
Speisewagen kola za rụčanje, vagon-restọran
speisen jesti
Sperre *(Bahnhof)* ọgrada
Spesen trọškovi *m pl*, dnẹvnice *f pl*
speziell spẹcijalan
Spiegel oglẹdalo
Spiel igra
Spielplatz ịgralište
Spielzeug ịgračka
spielen ịgrati (se)
Spiritus *(Brenn~)* špirit
Spirituskocher kụhalo na špirit
Spitze šiljak; *(Gebirge)* vrh; *(Gewebe)* čipka
Sport sport
Sportplatz sportsko ịgralište
Sprache jezik
sprechen govọriti
Springbrunnen vọdoskok
springen skọčiti
Spur trag
Staat država
Staatsangehörigkeit dṛžavljanstvo
Stadt grad
Stadtplan plan grada
Stadtteil dio grada *m*, gradska četvrt *f*
stark jak; *(beleibt)* krupan; *(dick)* dẹbeo
Stärke snaga
Start start; *(Flugzeug)* uzlet
statt mjesto *gen*, ụmjesto *gen*
stattfinden održạvati se
Staub prašina
stechen bosti
Steckdose ụtičnica
Stecker utịkač
Stecknadel pribạdača, *(Ost)* čịoda
stehen stạjati
stehenbleiben *(anhalten)* zaụstaviti se
stehlen krasti
steigen pẹnjati se
steil strm
Stein kamen
Stelle *(Ort)* mjesto; *(Arbeit)* namještẹnje
stellen stạviti
Stellung pọložaj; *(An~)* namještẹnje
Stempel žig
sterben ụmrijeti
Stern zvijẹzda
stets ụvijek
still tih, miran
Stimme glas
stinken smṛdjeti

Stock štap
Stock(werk) kat, sprat
Stoff tkanina, *(ugs)* štof
stören smetati
Störung smetnja; *(Unterbrechung)* prekid
Stoß (1) *(Schubs)* udarac
Stoß (2) *(Stapel)* hrpa
stoßen gurati
Strafe kazna; *(Geld~)* globa
Strahl *(Licht~)* zraka; *(Wasser~)* mlaz
Strand plaža
Straße ulica; **auf der** ~ na ulici; *(Land~)* cesta
Straßenbahn tramvaj
Straßenbahnschaffner tramvajski kondukter
Strauß *(Blumen)* buket
Strecke trasa, relacija; *(Bahn~)* pruga
Streichholz šibica
Streichholzschachtel kutija šibica
Streit svađa
streng strog
Strom *(Fluß)* rijeka; *(el)* struja
Stück komad; **ein** ~ **Brot** komad kruha/*(Ost)* hleba
Student student
studieren studirati
Studium studij
Stuhl stolica
Stunde sat, *(Ost)* čas; **eine halbe** ~ pol(a) sata; **eine Viertel** ~ četvrt sata; **alle zwei** ~**n** svaka dva sata; *(Unterrichts~)* sat, *(Ost)* čas
stündlich *adv* svakog sata
Sturm oluja, bura
Sturz pad
stürzen *(fallen)* pasti
suchen tražiti
Süden jug
südlich južni; ~ **von** južno od *gen*
Summe zbroj
süß sladak

T

Tabak duhan
Tag dan; **alle** ~**e** svaki dan; **bei** ~ danju
täglich *adj* dnevni; *adv* dnevno
Tal dolina
tanken puniti benzinom
Tankstelle benzinska stanica
Tante tetka, ujna, strina
Tanz ples
tanzen plesati
Tanzlokal plesni lokal, *(ugs)* plesnjak
Tasche džep; *(Hand~)* torbica
Taschendieb džepar
Taschenlampe džepna lampa
Taschentuch maramica, rupčić
Tasse šalica, *(Ost)* šolja
Tat djelo, čin; **in der** ~ zapravo
Tatbestand stvarno stanje
Tätigkeit djelatnost *f*
Tatsache činjenica
tauchen roniti
tauschen mijenjati
täuschen, s. ~ varati se
tausend tisuća, hiljada
Taxi taksi
Tee čaj
Teil dio *m*
teilen dijeliti; **mit jdm** ~ dijeliti s kim
teilnehmen (an) učestvovati (u *acc*)
Telefon telefon
Telefongespräch telefonski razgovor
telefonieren telefonirati
Telefonverzeichnis telefonski imenik
Telefonzelle telefonska kabina
telegrafieren telegrafirati, brzojaviti
Telegramm telegram, brzojav
Teller tanjur
Tennisplatz tenisko igralište
Termin termin; *(Frist)* rok
teuer skup
tief dubok; *(niedrig)* nizak
Tier životinja
Tisch stol; **bei** ~ za stolom
Tochter kći

Tod smrt *f*
Toilette zahod, toạlet
Toilettenpapier toalẹtni papir
Ton ton, zvuk; *(Betonung)* nạglasak; *(Farbe)* nijạnsa
Tonwaren glịnena roba
Topf *(Koch~)* lonac
Tor *(Einfahrt)* vrata *n pl*, kạpija
tot mrtav
Tour izlet, tura
Tourist/in tụrist, tụristkinja
tragen nọsiti; *(er~)* podnọsiti
Träger *(Gepäck~)* nosač
transportieren prevọziti
Trauben grožđe
Traum san
träumen sạnjati
traurig žạlostan, tužan
treffen sresti
trennen rạstaviti
Treppe stẹpenice *f pl*
trinkbar pitak
trinken piti
Trinkgeld nạpojnica
trocken suh
trocknen sụšiti
Tropfen kap *f*
trotz uspṛkos *gen/dat*
trotzdem uspṛkos tome
trüb *(Flüssigkeit)* mutan; *(Wetter)* tmuran
Tuch sukno; *(Lappen)* krpa; *(Kopf~)* mạrama
tüchtig marljiv, vrijẹdan
tun čịniti, rạditi
Tunnel tunel
Tür vrata *n pl*
Turm toranj; *(Kirch~)* zvonik
Tüte *(kleine)* kẹsica, vrẹćica; *(größere)* kesa

U

übel zao, loš; **mir ist ~** zlo mi je
üben vjẹžbati
überall svuda
überbringen prẹdati
Überfahrt prijẹvoz
Überfall prepad
überflüssig sụvišan
überfüllt prepun
Übergang prijẹlaz
übergeben prẹdati
überholen nạdmašiti; *(mit dem Auto)* prẹtjecati
übermorgen prẹksutra
übernachten prenọćiti
überrascht iznẹnađen
überreden nagovọriti
überschreiten prekorạčiti
Übersee prekọmorje
übersenden pọslati
übersetzen prevọditi
übertragbar prenọšljiv
übertrieben prẹtjeran
überweisen doznạčiti
Überweisung dọznaka
überzeugen ụvjeriti
üblich uobịčajen
übrig preọstali
übrigbleiben preọstati
übrigens uọstalom
Übung vježba
Ufer ọbala
Uhr sat
um *(herum)* ọkolo *gen; (Zeitangabe)* u *acc; (gegen)* oko *gen*
umarmen zạgrliti
Umgebung ọkolina
umgekehrt ọbratan; **in ~er Richtung** u obrạtnom pravcu
umkehren obṛnuti
Umleitung obịlazak
Umrechnung preračunạvanje
umsonst *(gratis)* bẹsplatno; *(vergebens)* ụzalud
Umstände okọlnosti *f pl*
umsteigen prẹlaziti, prẹsjedati
umtauschen razmijẹniti
Umweg ọbilazni put
Umwelt ọkolni svijet
umziehen *(Wohnung wechseln)* presẹliti se; **s. ~** presvụći se
unangenehm nẹugodan
unanständig neprịstojan
unbedingt *adv* svạkako
unbekannt nẹpoznat
unbequem neụdoban
unbestimmt neọdređen
und i, a; **~ so weiter** i tako dalje
undankbar nẹzahvalan

unecht lažan
unentbehrlich nẹophodan
unentschlossen nẹodlučan
unerfahren nẹiskusan
unerfreulich nẹprijatan
unerträglich nesnọšljiv
unerwartet neočẹkivan
unerwünscht nẹpoželjan
unfähig nẹsposoban
Unfall nẹzgoda
unfreundlich nẹljubazan
ungeeignet neprịkladan
ungefähr otprịlike
ungemütlich neụdoban
ungenau nẹtočan
ungenügend nẹdovoljan
ungerecht nẹpravedan
Ungerechtigkeit nẹpravda
ungern nẹrado
ungesund nezdrav
ungewiß nẹizvjestan
ungewöhnlich neọbičan
unglaublich nevjerọjatan
Unglück nẹsreća
unglücklich nẹsretan
unglücklicherweise na nẹsreću
ungültig nevạžeći
ungünstig nẹpovoljan
unhöflich neụljudan, neụčtiv
Unkosten trọškovi *m pl*
unmittelbar nepọsredan
unmodern nẹmoderan
unmöglich nẹmoguć
unnötig nẹpotreban
unnütz nẹkoristan
Unordnung nered
unpraktisch nẹpraktičan
Unrecht *(Ungerechtigkeit)* nẹpravda
unrecht haben ịmati krivo
unregelmäßig nẹpravilan
unruhig nẹmiran
uns nama, nas
unschädlich neškọdljiv
unschuldig nevin
unser, unsere naš, naša, naše
unsicher nẹsiguran; *(ungewiß)* nẹizvjestan
unten dolje; **dort** ~ tamo dolje
unter ispod *gen*, pod *acc*/*ins*; *(zwischen)* ịzmeđu *gen*, među *ins*; ~ **anderem** ịzmeđu ọstalog
unterbrechen prẹkinuti
Unterführung podvọžnjak
unterhalb ispod
unterhalten, s. ~ razgovạrati se; *(s. vergnügen)* zạbavljati se
unterhaltend zạbavan
Unterhaltung *(Gespräch)* rạzgovor; *(Vergnügen)* zạbava
Unternehmen poduzẹće, *(Ost)* preduzẹće
unterrichten *(informieren)* obavijẹstiti; *(Schule)* poučạvati
unterscheiden rạzlikovati; **s.** ~ **von** rạzlikovati se od *gen*
Unterschied rạzlika
unterschreiben potpịsati
Unterschrift potpis
Unterstützung pọtpora
Unterwäsche donje rublje
unterwegs usput
unverbindlich nẹobavezan
unvermeidlich neịzbježan
unverschämt sein biti bezọbrazan
unvollständig nepọtpun
unvorsichtig nẹoprezan
unwahrscheinlich nevjerọjatan
Unwetter nẹvrijeme
unwichtig nẹvažan
unwohl nẹlagodan
unzufrieden nẹzadovoljan
unzuverlässig nẹpouzdan
Urlaub dopust, gọdišnji odmor
Ursache uzrok
Urteil sud, prẹsuda
urteilen sụditi, ocijẹniti

V

Vater otac
Vaterland dọmovina, ọtadžbina
verabreden, s. ~ dogovọriti se
Verabredung dọgovor, sạstanak
verändern promijẹniti
Veränderung prọmjena
veranlassen navẹsti, navọditi
Veranstaltung prịredba
verantwortlich ọdgovoran
verbergen sạkriti

verbessern pọpraviti; *(Fehler)* ịspraviti
verbieten zabrạniti
verbinden zavẹzati; *(tele)* spọjiti; *(med)* prẹviti
Verbindung *(Zug, tele)* veza
Verbot zạbrana
verboten! zạbranjeno!
Verbotsschild znak zạbrane
Verbrauch potrọšnja
verbrauchen potrọšiti
Verbrechen zločin
verbrennen izgọrjeti
verbringen *(Zeit)* provọditi
Verdacht sumnja
verderben pokvạriti; *(schlecht werden)* pokvạriti se
verdienen zarạditi; *(wert sein)* zaslụžiti
Verdienst (1) *m (Geld)* zạrada
Verdienst (2) *n* zạsluga
verdorben pọkvaren; *(faul)* truo; *(sittlich)* pọročan
Verein društvo
vereinbaren ugovọriti
Verfassung ustav; *(Zustand)* stanje
Vergangenheit prošlost *f*
vergehen *(Zeit)* proći
vergessen zabọraviti
Vergleich ụsporedba
vergleichen uspọrediti
Vergnügen zadovọljstvo
verheiratet *(Mann)* ọženjen; *(Frau)* ụdata
verhindern sprijẹčiti
verirren, s. ~ zalụtati
Verkauf prọdaja
verkaufen prọdati
Verkäufer/in prodạvač, prodavạčica
Verkehr promet, sạobraćaj
verkehren *(Verkehrsmittel)* saọbraćati
verlangen trạžiti; *(fordern)* zahtijẹvati
verlängern prodụžiti
verlassen napụstiti
Verletzung pọvreda
verlieren izgụbiti
verloben, s. ~ zarụčiti se, *(Ost)* vẹriti se
Verlobte, der, die ~ zạručnik, zạručnica, *(Ost)* vẹrenik, vẹrenica
Verlust gubịtak
vermeiden ịzbjeći
vermieten iznạjmiti
Vermittler pọsrednik
vermuten pretpọstavljati
Vermutung prẹtpostavka
vernachlässigen zanemạriti
vernünftig rạzuman
verpacken zamọtati, *(ugs)* spạkovati
Verpackung omot
Verpflegung ịshrana
verpflichtet sein biti ọbavezan
Verpflichtung ọbaveza
verrechnen, s. ~ zaračụnati se
verreisen otputọvati
verrückt lud
versäumen *(verpassen)* propụstiti
verschaffen nạbaviti
verschieben *(zeitlich)* odgọditi
verschieden rạzličit
verschließen zaključ̣ati
verschreiben *(verordnen)* prepịsati
verschwinden nẹstati
Versehen, aus ~ ọmaškom
versenden razạslati
versichern osigụrati
Versicherung osigurạnje
versorgen mit snạbdjeti s(a) *ins*
verspäten, s. ~ zạkasniti
Verspätung zakašnjẹnje
Versprechen obećạnje
versprechen obẹćati
Verstand pamet *f; (Vernunft)* razum
verständigen, jdn ~ obavijẹstiti koga; **s.** ~ sporazụmjeti se
verstehen razụmjeti
Versuch pọkušaj
versuchen pọkušati; *(Speisen)* kụšati
vertauschen zamijẹniti
verteidigen brạniti
verteilen podijẹliti
Verteilung pọdjela
Vertrag ụgovor
Vertrauen povjerẹnje
vertrauen auf pọuzdati se u *acc*
vertrauensvoll povjẹrljiv
Vertreter zạstupnik
verunglücken nastrạdati
verursachen proụzročiti
Verwaltung ụprava
verwandt srodan
verwechseln pobṛkati
verwenden upotrijẹbiti
Verwendung ụpotreba

verwirklichen ostvạriti
verzehren pọjesti
Verzeichnis popis
verzeihen oprọstiti
Verzeihung oproštẹnje
verzögern zatẹzati
verzollen ọcariniti
verzweifelt ọčajan
viel mnogo
vielleicht možda
vielmehr nạprotiv
viereckig četverọkutan
Viertel, ein ~ četvṛtina, četvrt
vierzehn Tage četṛnaest dana
Villa vila
Visum viza
Vogel ptica
Volk narod
voll pun; *(~ besetzt)* pọpunjen; *(ganz)* potpun
vollenden zavṛšiti
vollkommen sạvršen
Vollmacht pụnomoć *f*
vollständig *adj* potpun; *adv* pọtpuno
von od *gen*
vor *(räumlich)* ispred *gen*, pred *acc/ins; (zeitlich)* prije *gen;* ~ **allem** prije svega
voraus, im ~ unạprijed
Vorbehalt, mit ~ uz ọgradu
vorbeigehen mimoịći
vorbereiten priprẹmiti
vorbestellen rezervịrati
Vorfall dọgađaj
vorgehen *(Uhr)* ići nạprijed
vorgestern prẹkjuče(r)
Vorhang zạvjesa
vorher prije
vorläufig *adv* prịvremeno, zạsad(a)
vorletzte, der, die, das ~ pretpọsljednji, pretpọsljednja, pretpọsljednje
Vormittag dopọdne
vormittags do podne
vorn sprịjed(a), nạprijed
Vorname ime
vornehm otmjen
Vorort, Vorstadt prẹdgrađe
Vorrat zạliha
Vorsatz nạmjera
Vorschlag prijẹdlog
vorschlagen predlọžiti
Vorschrift propis
Vorsicht oprez; ~**!** pazi!
vorsichtig ọprezan
Vorspeise prẹdjelo
vorstellen prẹdstaviti
Vorstellung prẹdstavljanje; *(Begriff)* prẹdodžba; *(Theater)* prẹdstava
Vorteil prednost *f*, korist *f*
vorteilhaft kọristan
vorüber prọšao
vorübergehen proći
vorübergehend *adv* prọlazan
Vorverkauf prẹtprodaja
Vorwand ịzgovor
vorwärts nạprijed
vorzeigen pokạzati
vorziehen više vọljeti
Vorzug prednost *f; (Vorteil)* korist *f*

W

Waage vaga
wach budan
wachsen rasti
wagen usụditi se
Wagen kola
Wahlen ịzbori *m pl*
wählen *(auch Politik, tele)* bịrati
wahr ịstinit
während *prp* za vrijẹme *gen; conj* dok
Wahrheit ịstina
wahrscheinlich vjerọjatan
Wahrscheinlichkeit vjerọjatnost *f*
Währung valụta
Wald šuma
Wand zid
Wanduhr zidni sat
wann kad(a)
Ware roba
Warenhaus robna kuća
warm tọpal
Wärme toplịna
wärmen grịjati

warnen (vor) upozoriti (na *acc*)
warten čekati
Wartesaal čekaonica
warum zašto
was što; **~ für ein/eine ...?** kakav, kakva, kakvo ...?
Wäsche *(Bett~)* posteljina; *(Unter~)* donje rublje; *(zum Waschen)* rublje
waschecht stalne boje
waschen prati
Wäscherei praonica
Wasser voda
Watte vata
Wechsel *(Veränderung)* promjena; *(Austausch)* zamjena
wechseln *(Geld)* mijenjati
wecken buditi
Wecker budilica
weder ... noch ni ... ni, niti ... niti
Weg put
weg odatle, nestao
wegen zbog *gen*, radi *gen*
weggehen otići
wegnehmen oduzeti
wegschicken odaslati
weh tun *(schmerzen)* boljeti; *(Schmerz bereiten)* nanijeti bol
weich mek(an); *(Ton, Farbe)* blag
weigern, s. ~ ustezati se
Weihnachten Božić
Weihnachtsabend Badnje veče
weil jer
weinen plakati
Weise *(Art)* način
weiß bijel
weit *(Gegenteil von eng)* širok; *(Weg)* dalek; *(entfernt)* udaljen; **und so ~er** i tako dalje
Welt svijet
wenden okrenuti; **s. an jdn ~** obratiti se kome
wenig malo; **ein ~ (von)** malo; **~er** manje; **das ~ste** najmanje
wenigstens barem
wenn *(Bedingung)* ako; *(zeitlich)* kad(a)
wer tko, *(Ost)* ko
werden postati
werfen baciti
Werk djelo
Werkstatt radionica
werktags radnim danom
Werkzeug alat
Wert vrijednost *f*
wert, viel ~ sein mnogo vrijediti
wertlos bezvrijedan
weshalb zašto
Westen zapad
westlich zapadni
Wettbewerb natjecanje
Wette oklada
wetten kladiti se
Wetter vrijeme; **bei diesem ~** po ovom vremenu
Wetterbericht izvještaj o vremenu
wichtig važan
wie *(Frage)* kako; *(Vergleich)* kao
wieder ponovo, opet; *(noch einmal)* još jednom
wiederbekommen dobiti natrag
wiedergeben vratiti
wiederholen ponoviti
wiederkommen vratiti se
wiedersehen opet vidjeti
wiegen vagati
Wiese livada
wieso kako to
wieviel koliko
Wild divljač *f*
wild divlji
willkommen dobrodošao
Wind vjetar
Winkel *(Ecke)* kut, ugao *m*
winken mahati
Winter zima
wir mi
wirklich *adj* stvaran; *(echt)* pravi; *adv* zaista
Wirklichkeit stvarnost *f*
wirksam djelotvoran
Wirkung djelovanje
Wirt gostioničar
Wirtshaus gostionica
Wissen znanje
wissen znati
Witz vic
wo gdje
Woche sedmica, tjedan, *(Ost)* nedelja; **in einer ~** za jedan tjedan
wochentags radnim danom
wöchentlich *adj* tjedni, *(Ost)* nedeljni; *adv* tjedno, *(Ost)* nedeljno
wofür za što
woher odakle
wohin kamo, kuda
Wohl dobro
Wohlbefinden zdravlje

wohl *(vermutlich)* po svoj prilici
wohlhabend imućan
wohlwollend blagonaklon
wohnen stanovati
Wohnort, ~sitz prebivalište
Wohnung stan; **möblierte ~** namješten stan
Wohnzimmer dnevna soba
Wolke oblak
Wolkenkratzer neboder, *(Ost)* oblakoder
Wolldecke vuneni pokrivač
Wolle vuna
wollen htjeti; *(wünschen)* željeti
Wort riječ *f*
wozu čemu
wunderbar predivan
wundern, s. ~ (über) čuditi se *(dat)*
Wunsch želja
wünschen željeti
Wut bijes
wütend bijesan; **~ werden** pobjesnjeti

Z

Zahl broj
zahlbar plativ
zahlen platiti
zählen brojiti
zahlreich mnogobrojan
Zahlung plaćanje
Zahn zub
Zahnbürste četkica za zube
Zahnpaste pasta za zube
Zahnstocher čačkalica
Zange kliješta
zanken, s. ~ svađati se
zart *(weich)* mek(an); *(~ fühlend)* nježan
Zeichen znak; *(An~)* predznak *(Beweis)* dokaz
zeichnen crtati
zeigen pokazati; *(hinweisen)* ukazati
Zeit vrijeme; **zur ~** sada; **von ~ zu ~** s vremena na vrijeme
Zeitlang, eine ~ neko vrijeme
Zeitschrift časopis
Zeitung novine *f pl*
Zeitungskiosk novinski kiosk
Zeitungsverkäufer prodavač novina
Zelt šator
zelten kampirati
Zeltplatz kamp
zentral centralan
Zentrum centar
zerbrechen razbiti
zerbrechlich lomljiv
zerreißen razderati
zerstören razoriti
Zeuge svjedok
Zeugnis svjedočenje; *(Bescheinigung)* svjedodžba
ziehen vući
Ziel cilj
ziemlich priličan
Zigarette cigareta
Zigarre cigara
Zimmer soba
zögern oklijevati
Zoll carina
Zollamt carinarnica
Zollbeamter carinik
Zollgebühren carinske dažbine *f pl*
zornig ljutit
zu (1) *(Richtung)* k(a) *dat,* u *acc; (mit adj)* pre-; **~ sehr, ~ viel** previše
zu (2) *(geschlossen)* zatvoren
zubereiten pripremiti
Zucker šećer
zudecken pokriti
zuerst najprije
Zufall slučaj
zufällig *adv* slučajan
zufrieden zadovoljan
Zug vlak, *(Ost)* voz
Zugang prilaz
zugunsten u korist
zuhören, jdm ~ slušati koga
Zukunft budućnost *f*
zukünftig budući
zulassen *(erlauben)* dopustiti
zulässig dopušten
zuletzt najzad
zumachen zatvoriti
zunächst prije svega

zunehmen *(dicker werden)* dẹbljati; *(anwachsen)* porạsti
Zunge jezik
zurück natrag
zurückbringen, zurückgeben vrạtiti
zurückkehren vrạtiti se
zurücklassen ọstaviti
zurückweisen ọdbiti
zurückzahlen vrạtiti novac
zurückziehen, s. ~ pọvući se
zusagen *(Einladung)* prịhvatiti
zusammen zạjedno
zusammenrechnen zbrọjiti
Zusammenstoß sudar
zuschauen glẹdati
Zuschauer glẹdalac
Zuschlag *(zum Fahrpreis)* dọplata
zuschließen zakljụčati
Zustand stanje
zustimmen prịstati
zuverlässig pọuzdan
zuviel prẹviše
Zwang prịnuda
Zweck svrha
zwecklos bẹsmislen, nẹkoristan
zweckmäßig prịkladan; *(nützlich)* kọristan
Zweifel sumnja; **ohne ~** bez sumnje
zweifelhaft sumnjiv; *(ungewiß)* nẹizvjestan
zweifellos nesụmnjiv
zweifeln, an etw ~ sụmnjati u što
zweite, der, die, das ~ drugi, druga, drugo
zweitens drugo
zwingen prịsiliti
zwischen među *ins*, ịzmeđu *gen*
zwischendurch kạtkad(a), pọnekad
Zwischenfall incịdent
Zwischenlandung međuslijẹtanje

Redewendungen

1 Allgemeine Wendungen
Opći izrazi

Begrüßung, Vorstellung, Bekanntschaft	Pọzdravi, prẹdstavljanje, poznạnstvo
Guten Morgen!	Dobro jutro!
Guten Tag!	Dobar dan!
Guten Abend!	Dobar večer!/Dobro veče!
Hallo!/Grüß dich!	Zdravo!
Wie ist Ihr Name, bitte?	Kako se zọvete?
Mein Name ist ...	Zovem se ...
Sehr angenehm.	Drago mi je.
Es freut mich, Sie kennenzulernen.	Rạdujem se što sam Vas upọznao (upọznala *f*).
Darf ich bekannt machen? Das ist	Dopụstite da vas upọznam. To je
Frau X.	gọspođa X.
Fräulein X.	gọspođica X.
Herr X.	gospọdin X.
mein Mann.	moj muž.

meine Frau.	moja žena.
mein Sohn.	moj sin.
meine Tochter.	moja kći.
meine Freundin.	moja prijatẹljica.
mein Verlobter.	moj zạručnik/ *(Ost)* moj vẹrenik.
Wie geht es Ihnen/dir?	Kako ste/si?
Danke. Und Ihnen/dir?	Hvala, dobro. A Vi/ti?
Hatten Sie eine angenehme Reise?	Jeste li ụgodno putọvali?
Woher kommen Sie?	Ọdakle ste?
Sind Sie schon lange hier?	Jeste li već dugo ovdje?
Sind Sie allein?	Jeste li sami?
Sind Sie mit Ihrer Familie hier?	Jeste li ovdje sa svojom obịtelji?
Wohnen Sie auch im Hotel Astoria?	Stạnujete li i Vi u hotẹlu Ạstorija?
Haben Sie für morgen schon etwas vor?	Ịmate li već neki plan zạ sutra?
Wollen wir zusammen hingehen?	Họćemo li poći zạjedno?
Wann treffen wir uns?	Kada ćemo se naći?
Darf ich Sie abholen?	Mogu li doći po Vas?
Ich erwarte Sie um 9 Uhr	Čekam Vas u devet sati
vor dem Kino.	pred kinom.
auf dem ... Platz.	na trgu ...
im Café.	u kavạni ...
Lassen Sie mich bitte in Ruhe!	Pụstite me na miru, molim Vas!

Besuch	**Posjet**
Entschuldigen Sie, wohnt hier Herr/Frau/Fräulein X?	Oprọstite, stạnuje li ovdje gospọdin/gọspođa/gọspođica X?
Nein, er/sie ist umgezogen.	Ne, on se presẹlio/ona se presẹlila.
Wissen Sie, wo er/sie jetzt wohnt?	Znate li gdje sada stạnuje?
Kann ich mit Herrn/Frau/Fräulein X sprechen?	Mogu li govọriti s gospọdinom/gọspođom/gọspođicom X?
Wann ist er/sie zu Hause?	Kada će biti kod kuće?
Kann ich eine Nachricht hinterlassen?	Mogu li ọstaviti pọruku?
Ich komme später noch einmal vorbei.	Svratit ću kạsnije još jednom.
● Kommen Sie herein.	Izvọlite ući.
● Nehmen Sie bitte Platz.	Izvọlite sjesti.
Ich soll Sie von Paul grüßen.	Pọzdravlja Vas Pạvao.
● Möchten Sie etwas trinken?	Họćete li nešto pọpiti?
Vielen Dank.	Hvala lijẹpa.
Auf Ihr Wohl!	Žịvjeli!
● Können Sie nicht zum Mittagessen/Abendessen bleiben?	Mọžete li ọstati na ručku/ vẹčeri?
Vielen Dank. Ich bleibe gern, wenn ich nicht störe.	Hvala lijẹpa. Ostat ću rado, ako ne smetam.
Es tut mir leid, aber ich muß gehen.	Žao mi je, ali moram ići.
Vielen Dank für den netten Abend.	Hvala lijẹpa za ụgodno veče.

Ich hoffe, Sie bald wiederzusehen.	Nadam se da ću Vas ụskoro opet vịdjeti.
Ich lasse von mir hören.	Ja ću Vam se jạviti.

Abschied — Ọdlazak

Auf Wiedersehen!	Do viđẹnja!
Bis bald!	Do skora viđẹnja!
Bis später!	Do viđẹnja!
Bis morgen!	Do viđẹnja sutra!
Gute Nacht!	Laku noć!
Tschüß!	Zdravo!
Alles Gute!	Sve nạjbolje!
Danke, gleichfalls!	Hvala, takọđer!
Gute Reise!	Sretan put!
Grüßen Sie ... von mir.	Pọzdravite ...

Bitte und Dank — Molbe i zạhvale

Ja, bitte.	Da, molim.
Nein, danke.	Ne, hvala.
Darf ich Sie um einen Gefallen bitten?	Smijem li Vas zamọliti za ụslugu?
Ich möchte ...	Htio (Htjela *f*) bih ...
Ich brauche ...	Trebam ...
Könnten Sie mir bitte sagen, wo ... ist.	Mọžete li mi reći, molim Vas, gdje je ...
Bitte geben/zeigen Sie mir ...	Molim Vas dajte/pokạžite mi ...

Gestatten Sie?	Dopụstite.
Können Sie mir bitte helfen?	Molim Vas mọžete li mi pọmoći?
Danke.	Hvala.
Vielen Dank.	Hvala lijẹpa.
Das ist nett, danke.	To je ljụbazno, hvala.
Vielen Dank für Ihre Hilfe/Mühe.	Zahvạljujem na Vašoj pọmoći/ Vašem trudụ.
Bitte sehr./Keine Ursache.	Molim lịjepo./Nema na čemu.

Entschuldigung, Bedauern	**Ịsprike, žạljenje**
Entschuldigung!	Oprọstite!/Izvịnite!/Pardon!
Das tut mir leid.	Žao mi je.
Es war nicht so gemeint.	Nisam tako mịslio (mịslila *f*).
Schade!	Šteta!
Es ist leider nicht möglich.	To nạ žalost nije mọguće.

Glückwunsch	**Čẹstitke**
Herzlichen Glückwunsch!	Sṛdačno čẹstitam!
Alles Gute!	Sve nạjbolje!
Alles Gute zum Geburtstag/Namenstag!	Sretan rọđendan/ịmendan!
Viel Erfolg!	Dobar uspjeh!
Viel Glück!	Mnogo sreće!
Hals und Beinbruch!	Sretno!

Viel Vergnügen!	Dobru zạbavu!
Gute Besserung!	Brzo se opọravite!
Schöne Feiertage!	Ụgodne prạznike!
Frohe Weihnachten und ein glückliches Neues Jahr!	Sretan Božić i sretna Nova gọdina!

Verständigungsschwierigkeiten — Teškọće u sporazumijẹvanju

Wie bitte?	Molim?
Ich verstehe Sie nicht. Bitte, wiederholen Sie es.	Ne razụmijem Vas. Molim Vas ponọvite.
Sprechen Sie Deutsch? Englisch? Französisch?	Gọvorite li njẹmački? ẹngleski? frạncuski?
Was heißt ... auf serbokroatisch?	Kako se kaže ... na srpskohṛvatskom?
Was bedeutet das?	Što to znači?

Wie spricht man dieses Wort aus?	Kako se izgọvara ova riječ?
Schreiben Sie es mir bitte auf!	Molim Vas napịšite je.
Buchstabieren Sie es bitte!	Molim Vas izgovọrite je slovo po slovo.
Könnten Sie mir bitte diesen Satz übersetzen?	Molim Vas prevẹdite mi ovu rečẹnicu.

Wetter — Vrẹmenske prịlike

Wie wird das Wetter heute?	Kakvo će vrijẹme biti danas?
Wir bekommen	Bit će
schönes Wetter.	lijẹpo vrijẹme.
schlechtes Wetter.	loše vrijẹme.
unbeständiges Wetter.	nẹstalno vrijẹme.
Es bleibt schön.	Ostat će lịjepo.
Es wird wärmer/kälter.	Bit će tọplije/hlạdnije.
Es wird regnen/schneien.	Padat će kiša/snijeg.
Es ist kalt/heiß/schwül.	Hladno/vruće/sparno je.
Wir bekommen ein Gewitter/Sturm.	Bit će olụje/bure.
Es ist neblig/windig.	Magla/vjetrọvito je.
Das Wetter wird wieder schön.	Vrijẹme će opet biti lijẹpo.
Die Sonne scheint.	Sunce sja.
Der Himmel ist wolkenlos/bedeckt.	Nebo je vedro/ọblačno.
Die Straßen sind vereist.	Ceste su zạleđene.
Schneeketten sind erforderlich.	Pọtrebni su lanci za snijeg.

Wortliste Wetter

Barometer	bạrometar
bewölkt	ọblačan
Blitz	munja
Bora	bura
Dämmerung	
Morgen ~	svịtanje
Abend ~	sumrak
Donner	gṛmljavina
Dürre	suša
Eis	led
Frost	mraz
Gewitter	olụja
Glatteis	pọledica
Hagel	tuča
Hitze	vrućịna
Hoch	visok prịtisak
Klima	klima
Luft	zrak
~druck	zračni prịtisak
Nebel	magla
Niederschlag	ọborine *f pl*
Regen	kiša
~schauer	pljusak
Schnee	snijeg
Schwüle	sparịna
Sonne	sunce
Sonnen/aufgang	ịzlazak sunca
~untergang	zạlazak sunca
Straßenzustand	stanje cesta
Sturm	vihor, bura
Tauwetter	jụgovina
Temperatur	temperatụra
Tief	nizak prịtisak
Wetter/bericht	ịzvještaj o vrẹmenu
~vorhersage	prognọza vrẹmena
Wind	vjetar
Wolke	oblak
Wolkenbruch	prolom ọblaka

Zeitangaben	Vrẹmenski ịzrazi
Wie spät ist es?	Kọliko je sati?
3 Uhr.	Tri sata.
3 Uhr 10.	Tri sata i deset.
halb 4.	Tri i pol (*ugs* pola čẹtiri).
Viertel vor 4.	Četvrt do čẹtiri.
5 vor 4.	Pet do čẹtiri.
1 Uhr.	Jedan sat.
12 Uhr mittag/Mitternacht.	Podne/ponoć.
Geht diese Uhr richtig?	Je li ovaj sat točan?
Sie geht vor/nach.	Ide nạprijed./Kasni.
Es ist spät/zu früh.	Kasno/prẹrano je.
Um wieviel Uhr?/ Wann?	U kọliko sati?/Kada?
Um 2 Uhr.	U dva sata.
Um 1 Uhr.	U jedan sat.
In einer Stunde.	Za jedan sat.
In zwei Stunden.	Za dva sata.
Nicht vor 9 Uhr morgens.	Ne prije devet sati ụjutro.
Nach 8 Uhr abends.	Pọslije osam sati nạveče(r).
Zwischen 3 und 4.	Ịzmeđu tri i čẹtiri.
Gegen 4 Uhr.	Oko čẹtiri sata.
In 14 Tagen.	Za četṛnaest dana.
Vor einer Woche.	Prije tjedan dana.
Wie lange?	Kako dugo?
Zwei Stunden (lang).	Dva sata.
Von 10 bis 11.	Od deset do jedạnaest.
Bis zum Wochenende.	Do kraja tjedna.
Seit wann?	Ọtkad(a)?
Seit 8 Uhr morgens.	Od osam sati ụjutro.
Seit einer halben Stunde.	Već pola sata.
Seit acht Tagen.	Već tjedan dana.

Nützliche Zeitangaben

abends	nạveče(r)
alle halbe Stunde	svako pola sata
alle zwei Tage	svakih dva dana
am Wochenende	krajem tjedna
diese Woche	ovog tjedna
gegen Mittag	oko podne
gestern	juče(r)
heute	danas
in einem Monat	za mjesec dana
in einer Stunde	za jedan sat
in 14 Tagen	za četṛnaest dana
innerhalb einer Woche	u jednom tjednu
letzten Montag	prošlog ponẹdjeljka
morgen	sutra
morgens	ụjutro
nächstes Jahr	ịduće gọdine
nachts	noću
stündlich	svakog sata
täglich	dnevno
tagsüber	danju
übermorgen	prẹksutra
um diese Zeit	u ovo vrijẹme
von Zeit zu Zeit	s vrẹmena na vrijẹme
vorgestern	prẹkjuče(r)
vormittags	do podne
vor einer Woche	prije tjedan dana
vor zehn Minuten	prije deset minụta

Wochentage

Montag	ponẹdjeljak
Dienstag	ụtorak
Mittwoch	srijẹda
Donnerstag	četvṛtak
Freitag	petak
Samstag	sụbota
Sonntag	nẹdjelja

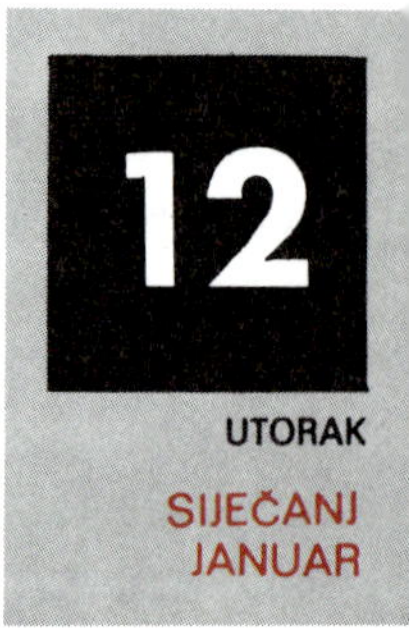

Neben den Monatsnamen lateinischer Herkunft, die im ganzen Sprachgebiet gelten, haben die Kroaten auch die eigenen Namen (urslawischer Herkunft) behalten.

Monate

Januar	sịječanj	jạnuar
Februar	vẹljača	fẹbruar
März	ọžujak	mart
April	travanj	april
Mai	svibanj	maj
Juni	lipanj	jun
Juli	srpanj	jul
August	kọlovoz	ạugust
September	rujan	sẹptembar
Oktober	lịstopad	ọktobar
November	stụdeni	nọvembar
Dezember	prọsinac	dẹcembar

Jahreszeiten

Frühling	prọljeće
Sommer	ljeto
Herbst	jesen *f*
Winter	zima

Feiertage

Neujahr	Nova gọdina
Dreikönigstag	Sveta tri kralja
Fastnachtsdienstag	Pọkladni ụtorak
Karfreitag	Vẹliki petak
Ostern	Uskrs
Ostermontag	Ụskrsni ponẹdjeljak
1. Mai	Prvi maj
Christi Himmelfahrt	Spạsovo
Pfingsten	Dụhovi *m pl*
Pfingstmontag	Dụhovski ponẹdjeljak
Fronleichnam	Tijẹlovo
Maria Himmelfahrt (15. August)	Vẹlika Gospa
Allerheiligen (1. November)	Svịsveti
Weihnachten	Božić
Heiliger Abend	Badnjak
Silvesterabend	Sịlvestrovo, Stara gọdina

Datum und Alter	Datum i dob
Den Wievielten haben wir heute?	Koji je danas datum?
Heute ist der 1. Mai.	Danas je prvi maj.
Morgen ist der 2. Mai.	Sutra je drugi maj.
Ich bin am 12. April 1938 geboren.	Rođen (Rọđena *f*) sam dvạnaesti aprịla 1938.
Wie alt sind Sie?	Kọliko ịmate gọdina?
Ich bin 39.	Imam trịdeset devet gọdina.
Kinder unter 10 Jahren.	Djeca do deset gọdina.
Für Jugendliche unter 18 kein Zutritt.	Zabranjeno za mladež do osạmnaest gọdina.

Beruf, Studium, Ausbildung	Zanịmanje, studij, škọlovanje
Was machen Sie beruflich?	Što ste po zanịmanju?
Ich bin Arbeiter.	Ja sam radnik.
Ich bin Angestellter.	Ja sam slụžbenik.
Ich bin Beamter.	Ja sam činọvnik.
Ich bin Freiberufler.	Ja sam u slọbodnoj profẹsiji.
Ich bin Rentner.	Ja sam umirovljẹnik/penziọner.
Ich arbeite bei ...	Ja radim kod ...
Ich bin noch Schüler.	Ja sam još đak.
Ich bin Student.	Ja sam student.
Wo/Was studieren Sie?	Gdje/Što stụdirate?
Ich studiere ... in München.	Stụdiram ... u Mịnhenu.

Wortliste Berufe

Akademie	akadẹmija
Angestellter	namještẹnik
Apotheker	ljẹkarnik, apotẹkar
Arbeiter	radnik
Archäologie	arheolọgija
Architekt	arhịtekt
Architektur	arhitektụra
Arzt	lịječnik
Automechaniker	ạuto-mehạničar
Bäcker	pekar
Beamter	slụžbenik, činọvnik
Bergmann	rudar
Berufsschule	stručna škola
Betriebswirtschaft	ekonọmika poduzẹća
Bibliothekar	knjịžničar
Bildhauer	kipar, (*Ost*) vajar
Biologie	biolọgija
Briefträger	listọnoša *m*, poštar
Buchhalter	knjịgovođa *m*
Buchhändler	knjižar
Chemie	kẹmija, (*Ost*) hẹmija
Dolmetscher	tumač
Drogist	drogẹrist
Eisenbahner	žẹljezničar
Elektriker	elẹktričar
Fahrlehrer	vozač-ịnstruktor
Fakultät	fakụltet
Fischer	ribar
Förster	šumar
Friseur	frizer
Gärtner	vrtlar
Geographie	zẹmljopis, geogrạfija
Geologie	geolọgija
Germanistik	germanịstika
Geschichte	pọvijest *f*, hịstorija
Glaser	staḳlar
Handelsschule	tṛgovačka škola
Handwerker	ọbrtnik, zanạtlija *m*
Hausfrau	domạćica
Hebamme	prịmalja
Hochschule	vịsoka škola
Ingenieur	inžẹnjer

Installateur	instalạter
Institut	instịtut
Journalist	nọvinar
Jura	pravo
Kaufmann (Einzelhändler; Geschäftsmann)	tṛgovac
Kellner/in	kọnobar/ica
Kindergärtnerin	odgojitẹljica, (*Ost*) vaspitạčica
Koch/Köchin	kụhar/ica
Konditor	slạstičar
Kraftfahrer	vozač, šofer
Krankenschwester	bọlničarka, medịcinska sestra
Künstler	ụmjetnik
Kunstgeschichte	pọvijest ụmjetnosti
Landwirt	poljoprịvrednik
Lehrer/in	ụčitelj/ica
Lehrling	šegrt, nạučnik
Maler	slikar
Malerei	slịkarstvo
Maschinenbau	strojogrạdnja
Mathematik	matemạtika
Maurer	zidar
Mechaniker	mehạničar
Medizin	medicịna
Metzger	mesar
Musik	glazba, mụzika
Musiker	glạzbenik, mụzičar
Optiker	ọptičar
Pfarrer	župnik
Physik	fịzika
Polizist	miliciọnar, policạjac
Postbeamter	pọštanski slụžbenik
Psychologie	psiholọgija
Rechtsanwalt	advọkat
Rentner	umirovljẹnik, penziọner
Richter	sudac, (*Ost*) sụdija *m*
Romanistik	romanịstika
Schlosser	bravar
Schneider/in	krojač/krojạčica
Schriftsteller/in	pisac
Schuhmacher	ọbućar
Schule	škola
Oberschule	srednja škola
Grundschule	ọsnovna škola

Schüler	đak, ụčenik
Schülerin	ụčenica
Student/in	stụdent/ica
Studienfach	grana stụdija
Studium	studij
Techniker	tẹhničar
Technische Hochschule	tẹhnički fakụltet
Tierarzt	veterịnar
Universität	sveụčilište, univerzịtet
Vorlesungen	predạvanja *n pl*

Zahlen	**Brọjevi**
0	nula
1	jedan (jedna *f*, jedno *n*)
2	dva (dvije *f*)
3	tri
4	čẹtiri
5	pet
6	šest
7	sedam
8	osam
9	devet
10	deset
11	jedạnaest
12	dvạnaest
13	trịnaest
14	četr̥naest
15	pẹtnaest
16	šẹsnaest
17	sedạmnaest
18	osạmnaest
19	devẹtnaest
20	dvạdeset
21	dvạdeset i jedan
22	dvạdeset i dva
23	dvạdeset i tri
24	dvạdeset i čẹtiri
25	dvạdeset i pet
26	dvạdeset i šest
27	dvạdeset i sedam
28	dvạdeset i osam
29	dvạdeset i devet

30	trịdeset
31	trịdeset i jedan
32	trịdeset i dva
40	četrdẹset
50	pedẹset
60	šezdẹset
70	sedamdẹset
80	osamdẹset
90	devedẹset
100	sto, stọtina
101	sto i jedan
200	dvjesta, dvije stọtine
300	trista, tri stọtine
1000	tịsuća, hịljada
2000	dvije tịsuće/hịljade
3000	tri tịsuće/hịljade
10000	deset tịsuća/hịljada
100000	sto tịsuća/hịljada
1000000	milịjun, milịon
1.	prvi
2.	drugi
3.	treći
4.	čẹtvrti
5.	peti
6.	šesti
7.	sedmi
8.	osmi
9.	dẹveti
10.	dẹseti
½	polọvina
⅓	trẹćina
¼	četvṛtina
¾	tri četvṛtine
3,5 %	tri cijẹla pet posto
27 °C	dvạdeset i sedam stụpnjeva
−5 °C	minus pet stụpnjeva
1982	tịsuću dẹvetsto osamdẹset i dva/druga

2 Mit dem Auto unterwegs Vožnja autom

Auskunft	**Informạcije**
Wie komme ich bitte nach ...?	Molim Vas kuda se ide u/do ...?
Können Sie mir das auf der Karte zeigen?	Mọžete li mi to pokạzati na karti?
Wie weit ist das?	Kọliko je to dalẹko?
Bitte, ist das die Straße nach ...?	Molim Vas je li ovo cesta za ... ?
Wie komme ich zur Autobahn nach ...?	Kako ću doći na ạuto-cestu za ... ?
• Immer geradeaus bis ... Dann links/rechts abbiegen.	Samo ravno do ... Onda skrẹnite lịjevo/desno.
• Sie sind hier falsch. Sie müssen zurückfahren bis ...	Krivo ste pošli. Mọrate se vrạtiti do ...

An der Tankstelle	Na bẹnzinskoj stạnici
Wo ist bitte die nächste Tankstelle?	Molim Vas gdje je nạjbliža bẹnzinska stạnica?
Ich möchte ... Liter Normalbenzin. Diesel.	Molim ... lịtara ọbičnog benzịna. dịz(e)la.
Super bitte, für 800 Dinar.	Molim sụpera za osam stọtina dịnara.
Voll, bitte.	Pun, molim.
Prüfen Sie bitte den Ölstand. das Kühlwasser. den Reifendruck.	Molim Vas prọvjerite nivo ulja. vodu u hlạdnjaku. prịtisak u gụmama.
Sehen Sie bitte auch den Reservereifen nach.	Molim Vas pọgledajte i rẹzervnu gumu.
Könnten Sie mir einen Ölwechsel machen?	Mọžete li mi promijẹniti ulje?
Ich möchte den Wagen waschen lassen.	Htio bih dati kola na pranje.
Ich möchte eine Straßenkarte dieser Gegend, bitte.	Molim Vas jednu ạuto-kartu ọvoga kraja.

Parken	Parkịranje
Ist hier in der Nähe eine Parkmöglichkeit?	Može li se tu u blizịni parkịrati?
Ist der Parkplatz bewacht?	Da li se parkịralište čuva?
Kann ich den Wagen hier abstellen?	Mogu li ovdje parkịrati kola?
Haben Sie noch einen Platz frei?	Ịmate li još jedno slọbodno mjesto?
● Wir sind leider voll besetzt.	Nạ žalost sve je pọpunjeno.

Wie lange kann ich hier parken?	Kọliko vrẹmena mogu ovdje parkịrati?
Wie hoch ist die Parkgebühr pro	Kọlika je tarịfa za
Stunde?	jedan sat?
Tag?	jedan dan?
Nacht?	jednu noć?
Ist das Parkhaus die ganze Nacht geöffnet?	Je li garạža ọtvorena cijẹlu noć?
Ich fahre heute/morgen um ... Uhr weiter.	Ọdlazim danas/sutra u ... sati.

Eine Panne	**Kvar**
Ich habe eine Panne.	Imam kvar (*ugs* defekt).
Würden Sie bitte den Pannendienst anrufen?	Molim Vas telefọnirajte po službu pọmoći.
Meine Autonummer ist ...	Broj moga ạuta je ...
Würden Sie mir bitte einen Mechaniker/einen Abschleppwagen schikken?	Molim Vas họćete li mi pọslati mehạničara/vučno vọzilo?
Könnten Sie mir mit Benzin aushelfen?	Mọžete li mi dati malo benzịna?
Könnten Sie mir beim Reifenwechsel helfen?	Mọžete li mi pọmoći da prọmijenim gumu?
Würden Sie mich bis zur nächsten Werkstatt/Tankstelle abschleppen?	Họćete li me odvụći do nạjbliže radiọnice/bẹnzinske stạnice?

Verkehrszeichen

Unfallstelle

Fahrbahn-
verengung

Steinschlag

Vorsicht –
Haustiere

Ufernähe

Tankstelle

Zoll

Krankenhaus

Camping und
Caravaning

Kreuzung
mit Vor-
wegweiser

Wegweiser

Einbahnstraße

Vorgeschriebene
Fahrtrichtung

In der Werkstatt	**U radiọnici**
Wo ist hier in der Nähe eine Werkstatt?	Ima li u blizịni radiọnica?
Mein Wagen springt nicht an.	Moja se kola ne daju upạliti.
Können Sie mit mir kommen/mich abschleppen?	Mọžete li poći sa mnom/me odvụći?
Mit der Zündung/dem Motor stimmt was nicht.	Nešto nije u redu s pạljenjem/ motọrom.
Der Motor läuft heiß/ zieht nicht.	Motor se pregrịjava/ne vuče.
Die Kupplung rutscht.	Kvạčilo proklịzuje.
Die Bremsen funktionieren nicht.	Kọčnice ne rade.
... ist defekt.	... je u kvaru.
Die Batterie ist leer.	Akumulạtor je prazan.
Aus dem Getriebe tropft Öl.	Iz mjenjạča kaplje ulje.
Können Sie mal nachsehen?	Mọžete li malo pọgledati?
Wechseln Sie bitte die Zündkerzen aus.	Molim Vas promijẹnite svjẹćice.
Was habe ich dafür zu bezahlen?	Kọliko sam dužan/dužna?
Haben Sie Ersatzteile für diesen Wagen?	Ịmate li rẹzervnih dijẹlova za ova kola?
Machen Sie bitte nur die nötigsten Reparaturen.	Molim Vas pọpravite samo ono nạjnužnije.
Wann ist der Wagen fertig?	Kada će kola biti gọtova?
Was wird es kosten?	Kọliko će stạjati?

Hinweise und Informationen

Bolnica	Krankenhaus
Carinarnica	Zoll
Cesta s prednošću prolaza	Vorfahrtsberechtigte Straße
Crna točka	Schwarzer Punkt (Unfallstelle)
Djeca na cesti	Schulkinder überqueren
Dopuštena težina	Gewichtsgrenze
Izlaz	Ausfahrt
Izlaz s auto-ceste	Autobahnausfahrt
Javna garaža	Parkhaus
Jednosmjerna cesta	Einbahnstraße
Kamenje pada	Steinschlag
Kamenje pršti	Rollsplitt
Kružni tok prometa	Kreisverkehr
Most	Brücke
Najveća dopuštena brzina	Höchstgeschwindigkeit
Obavezan smjer	Vorgeschriebene Richtung
Obilazak	Umleitung
Obilazna cesta	Umgehungsstraße
Ograničenje parkiranja	Kurzparkzone
Okretanje zabranjeno	Wenden verboten
Opasan zavoj	Gefährliche Kurve
Opasna nizbrdica	Starkes Gefälle
Opasnost na cesti	Gefahrenstelle
Oštećen kolnik	Schlechte Fahrbahn
Parkiralište	Parkplatz
Parkiranje zabranjeno	Parken verboten
Pješački pothodnik	Fußgängerunterführung
Pješački prijelaz	Fußgängerüberweg
Pješačka zona	Fußgängerzone
Početnik	Anfänger
Pozor!	Achtung!

Prestanak zabrane parkiranja	Ende des Parkverbots
Prestrojavanje	Bitte einordnen
Pretjecanje zabranjeno	Überholen verboten
Prijelaz preko željezničke pruge s branicima	Beschrankter Bahnübergang
Prijelaz preko željezničke pruge bez branika	Unbeschrankter Bahnübergang
Privatan put	Privatweg
Promet u oba smjera	Gegenverkehr
Prometni čep	Verkehrsstau
Radilište	Baustelle
Radovi na cesti	Straßenarbeiten
Raskršće	Kreuzung
Slijepa ulica	Sackgasse
Služba pomoći na cesti	Pannenhilfe
Skretanje udesno/ulijevo zabranjeno	Rechts-/Linksabbiegen verboten
Stanica hitne pomoći	Unfallstation
Staza za bicikliste	Radweg
Stoj – Idi	Halt – Gehen
Sudar	Zusammenstoß
Suženje ceste	Farbahnverengung
Škola	Schule
Tunel	Tunnel
Ulaz zabranjen	Keine Einfahrt
Visoki napon	Hochspannung
Vozi desno/lijevo	Rechts/links fahren
Vozi polako	Langsam fahren
Zaustavljanje zabranjeno	Halten verboten
Zabrana za sva vozila	Gesperrt für alle Fahrzeuge
Zavoj udesno/ulijevo	Rechtskurve/Linkskurve

Verkehrsunfall	Prọmetna nẹzgoda
Es ist ein Unfall passiert.	Dogọdila se nẹzgoda.
Rufen Sie bitte schnell	Molim Vas pozọvite brzo
einen Krankenwagen.	kola hitne pọmoći.
die Polizei.	mịliciju.
die Feuerwehr.	vatrogạsce.
Können Sie sich um die Verletzten kümmern?	Mọžete li se pọbrinuti za ọzlijeđene?
Haben Sie Verbandszeug?	Ịmate li pribor za prevịjanje?
Es war meine/Ihre Schuld.	Ja sam bio kriv./Vi ste bili krivi.
Sie haben	
die Vorfahrt nicht beachtet.	Niste vọdili račụna o prẹdnosti.
die Kurve geschnitten.	Sjekli ste zavoj.
die Fahrspur gewechselt ohne zu blinken.	Promijẹnili ste kolni trak bez žmịganja.
Sie sind zu schnell gefahren.	Vọzili ste prẹbrzo.
Sie sind bei Rot über die Kreuzung.	Prešli ste rạskršće pri cṛvenom svjetlu.
Ich gebe Ihnen meine Anschrift und Versicherungsnummer.	Dat ću Vam svoju adrẹsu i broj pọlise osigurạnja.
Geben Sie mir bitte Ihren Namen und Ihre Anschrift/Ihre Versicherung an.	Dajte mi, molim Vas, svoje ime i adresu/ime i adresu svojeg osiguravajućeg društva.
Können Sie für mich Zeuge sein?	Mọžete li biti moj svjedok?
Vielen Dank für Ihre Hilfe.	Hvala lijẹpa na Vašoj pọmoći.

Die Höchstgeschwindigkeit beträgt auf Autobahnen 120 km/h, auf Straßen für Automobilverkehr 100 km/h, auf Landstraßen 80 km/h und innerorts 60 km/h.

Autovermietung	**Iznajmljịvanje automobịla**
Ich möchte einen Wagen mieten.	Htio (Htjela *f*) bih unạjmiti kola.
Wie hoch ist die Tages-/Wochenpauschale?	Kọliko se plaća na dan/tjedan?
Wieviel verlangen Sie pro gefahrenen km?	Kọliko račụnate po prẹđenom kịlometru?
Wieviel muß ich als Kaution hinterlegen?	Kọliku kạuciju moram polọžiti?
Darf ich Ihren Führerschein sehen?	Mogu li vịdjeti Vašu vọzačku dọzvolu?
Kann ich den Wagen gleich mitnehmen?	Mogu li odmah ụzeti kola?

Wortliste Auto

abbiegen	skrẹnuti
abblenden	obọriti svjetlo
Abblendlicht	ọboreno svjetlo
Abschleppdienst	vučna služba
abschmieren	pọdmazati
Achse	osọvina
Hinter ~	stražnja osọvina
Vorder ~	prednja osọvina
Anlasser	pokrẹtač
auskuppeln	ịskvačiti
Auspuff	ịspušna cijev *f* (*ugs*) auspuh
Auto/bahn	ạuto-cesta, ạuto-put
~fähre	trajekt
~karte	ạuto-karta
~reifen	ạuto-guma
Benzin/kanister	kanta za benzin
~pumpe	pumpa za benzin
blenden	zaslijẹpiti
Blinker	žmịgavac
Bremse	kọčnica
bremsen	kọčiti
Brems/belag	ọbloga kọčnice
~flüssigkeit	tekụćina za kọčnice
~lichter	stop-svjetla *n pl*

Dichtung	bṛtvilo, *(ugs)* dihtung
Düse	sạpnica, mlạznica, (*ugs*) diza
Einspritzpumpe	pumpa za ubrizgạvanje
Ersatz/rad	rẹzervni kotač/točak
~teile	rẹzervni dijẹlovi *m pl*
Fahr/gestell	šạsija
~spur	prọmetni trak
Fehler	greška
Fehlzündung	dẹfektno pạljenje
Fernlicht	vẹliko svjetlo
Frostschutzmittel	ạntifriz
Führerschein	vọzačka dọzvola
Fußbremse	nožna kọčnica
Gang	brzịna, hod
erster ~	prva brzịna
Leerlauf	prazan hod
Rückwärts~	brzịna za vožnju ụnazad
Gas	gas
Gas geben	dati gas
gebrochen	slomljen
Getriebe	kụtija mjenjạča
Handbremse	ručna kọčnica
Hebel	pọluga
Hinterrad	stražnji kotač/točak
~antrieb	stražnji pogon
Hupe	sirẹna
Licht~	znak svjetlom
Karosserie	karosẹrija
Keilriemen	klịnasti remen
Kofferraum	pṛtljažnik
Kolben	klip
Kugellager	kụglični ležaj
Kühler	hladnjak
Kühlwasser	voda za hlạđenje
Kupplung	kvạčilo, spojka
Kurbelwelle	rạdilica
Kurzschluß	kratak spoj
Lenkrad	uprạvljač, volan
Lichtmaschine	dịnamo *m*
Luftpumpe	pumpa za zrak
Motor	motor
~haube	pọklopac motọra
Nummerschild	rẹgistarska plọčica, (*ugs*) tạblica

Öl	ulje
~meßstab	šipka za mjẹrenje ulja
~stand	nivo ulja
~wechsel	prọmjena ulja
Rad	kotač, točak
Reifen	vanjska guma
~druck	prịtisak u gumama
schlauchloser ~	guma bez zrạčnice
Reserverad	rẹzervni kotač/točak
Rück/licht	stražnje svjetlo
~spiegel	vọzačko oglẹdalo, retrovịzor
Schalthebel	pọluga mjenjạča
Scheiben/waschanlage	ụređaj za pranje stakla
~wischer	brisač vjẹtrobrana
Scheinwerfer	far
Schiebedach	pọkretni krov
schmieren	pọdmazati
Schraube	vijak
Schrauben/mutter	mạtica vijka
~schlüssel	vịljuškasti ključ
~zieher	odvịjač
Sicherheitsgurt	sigụrnosni pojas
Standlicht	pọziciono svjetlo
Steckschlüssel	cjẹvasti ključ
Stoß/dämpfer	amortịzer
~stange	ọdbojnik, branik
Tachometer	brzinọmjer
Ventil	ventil
Vergaser	rasplịnjač
Verteiler	rạzvodnik
Vorderrad	prednji kotač/točak
~antrieb	prednji pogon
Wagen/heber	dịzalica za kola
~schlüssel	ključ od kola
~wäsche	pranje kola
Warndreieck	sịgnalni trokut
Windschutzscheibe	vjẹtrobran
Winterreifen	zimske gume *f pl*
Zünd/kerze	svjẹćica
~schloß	brava za pạljenje
~schlüssel	ključ za pạljenje
Zündung	pạljenje
Zylinder	cilịndar
~kopf	glava cilịndra

3 Reisen mit Bahn, Flugzeug oder Schiff Putovanje željeznicom, avionom ili brodom

Im Reisebüro	**U pụtničkoj agẹnciji**
Ich möchte einen Flug nach ... buchen.	Htio (Htjela *f*) bih rezervịrati jedan let za ...
Wie sind die Flugverbindungen nach ...?	Kada pọlaze aviọni za ...?
Gibt es auch Charterflüge?	Ima li i čarter-lẹtova?
Was kostet der Flug Touristenklasse/1. Klasse?	Kọliko stoji let u ekọnomskoj/prvoj klasi?
Wieviel Gepäck ist frei?	Kọliko prtljạge ide bẹsplatno?
Was kostet das Kilo Übergewicht?	Kọliko stoji svaki kịlogram viška težịne?
Ich möchte diesen Flug annullieren.	Htio (Htjela *f*) bih stornịrati ovaj let.
Habe ich in ... Anschluß an die Fähre?	Imam li u ... vezu s trạjektom?

Ich möchte einen Liegewagenplatz/Schlafwagenplatz für den Nachtzug nach ...	Želim jedno mjesto u kušet-kọlima/spạvaćim kọlima noćnog vlaka (*Ost* voza) za ...
Gibt es einen Autoreisezug nach ...?	Da li pọstoji ạuto-vlak (*Ost* ạuto-voz) za ...?
Was kostet das für ein Auto mit vier Personen?	Kọliko se plaća za jedan ạuto i čẹtiri ọsobe?

Eisenbahn — Žẹljeznica

Auf dem Bahnhof — Na kọlodvoru

Eine einfache Fahrt 2. Klasse/1. Klasse nach ... bitte.	Molim jednu kartu drugog/prvog rạzreda za ...
Zweimal ... hin und zurück, bitte.	Molim dvije pọvratne karte za ...
Gibt es verbilligte Ausflugskarten?	Pọstoje li ịzletničke karte s pọpustom?
Gibt es verbilligte Wochenendkarten?	Pọstoje li vikend-karte s pọpustom?
Gibt es eine Ermäßigung für Kinder?	Pọstoji li popust za obịtelji s više djece?

Bitte eine Platzkarte für den Zug um ... Uhr nach ...	Molim jednu rezervạciju za vlak (*Ost* voz) u ... sati za ...
• Ein Fensterplatz?	Mjesto kraj prọzora?
Wie teuer ist eine Schlafwagenkarte/Liegewagenkarte?	Kọliko stoji karta za spạvaća kola/kušet-kola?
Ich möchte diesen Koffer als Reisegepäck aufgeben.	Želim prẹdati ovaj kovčeg kao ọsobnu prtljạgu.
• Wollen Sie Ihr Gepäck versichern?	Họćete li osigụrati prtljạgu?
Was kostet das?	Kọliko to stoji?
Geht das Gepäck mit dem ...-Uhr Zug ab?	Ide li prtljạga vlakom (*Ost* vozom) u ... sati?
Wann kommt es in ... an?	Kada će stići u ...?
Hat der Zug von ... Verspätung?	Kasni li vlak (*Ost* voz) iz ...?
Wann habe ich Anschluß nach ...?	Kada imam vezu za ...?
Wo muß ich umsteigen?	Gdje moram prẹsjedati?
Von welchem Gleis fährt der Zug nach ... ab?	S kojeg kọlosijeka pọlazi vlak (*Ost* voz) za ...?
• Der Zug aus ... fährt auf Gleis 1 ein.	Vlak (*Ost* Voz) iz ... ụlazi na prvi kọlosijek.
• Der Zug aus ... hat 10 Minuten Verspätung.	Vlak (*Ost* Voz) iz ... kasni deset minụta.
• Achtung, Reisende nach ...! Bitte einsteigen und Türen schließen.	Mọlimo pụtnike za ... da uđu u vlak i zạtvore vrata.

Hinweise und Informationen

Ambulanta	Sanitätsstelle
Bife/Buffet	Erfrischungen
Biljetarnica	Fahrkartenschalter
Čekaonica	Wartesaal
Dolazak	Ankunft
Garderoba	Gepäckaufbewahrung
Informacije	Auskunft
Izlaz	Ausgang
Kočnica za slučaj opasnosti	Notbremse
Kola s ležajima	Liegewagen
Kolosijek	Gleis
Muški/Gospoda	Herren
Nalazni ured	Fundbüro
Nepušači	Nichtraucher
Peron	Bahnsteig
Polazak	Abfahrt
Pothodnik	Unterführung
Prilaz na perone	Zu den Bahnsteigen
Pušači	Raucher
Red vožnje	Fahrplan
Rezervacije	Platzreservierung
Slobodno	Frei
Spavaća kola	Schlafwagen
Šef stanice	Stationsvorsteher
Vagon-restoran	Speisewagen
Voda nije za piće	Kein Trinkwasser
Zahod/WC	Toilette
Zauzeto	Besetzt
Ženski/Gospođe	Damen

Fundbüro	**Nạlazni ured**
Wo ist das Fundbüro, bitte?	Molim Vas gdje je nạlazni ured/ gdje je ured za nạdjene stvari?
Ich habe ... verloren.	Izgụbio (Izgụbila *f*) sam ...
Ich habe meine Handschuhe im Zug vergessen.	Zabọravio (Zabọravila *f*) sam rukạvice u vlaku (*Ost* vozu).
Hier ist meine Hotelanschrift.	Izvọlite adrẹsu moga hotẹla.

Im Zug	**U vlaku**
Verzeihung, ist dieser Platz frei?	Oprọstite, je li slọbodno to mjesto?
Können Sie mir bitte helfen?	Mọžete li mi pọmoći, molim Vas?
Darf ich das Fenster öffnen/schließen?	Smijem li otvọriti/zatvọriti prozor?
Entschuldigen Sie, bitte. Dies ist ein Nichtraucherabteil.	Oprọstite, molim. Ovo je odjel za nepušạče.
Entschuldigen Sie, das ist mein Platz. Ich habe eine Platzkarte.	Oprọstite, to je moje mjesto. Imam rezervạciju.
● Die Fahrkarten, bitte.	Vozne karte molim.
Hält dieser Zug in ...?	Staje li ovaj vlak (*Ost* voz) u ...?
Wann kommen wir in ... an?	Kada stịžemo u ...?
Wo sind wir jetzt?	Gdje smo sada?
Wie lange haben wir hier Aufenthalt?	Kọliko stọjimo ovdje?
Kommen wir pünktlich an?	Họćemo li točno stići?
Haben wir Verspätung?	Da li kạsnimo?

Flugzeug — Avịon

JAT

JUGOSLOVENSKI AEROTRANSPORT

YUGOSLAV AIRLINES

Am Flughafen — Na ạerodromu

Am Flughafen	Na ạerodromu
Wo ist der Schalter der ... Fluggesellschaft?	Gdje se nạlazi šalter kompạnije ...?
Wo ist der Schalter der JAT?	Gdje je šalter JAT-a?
Wo ist der Informationsschalter/Warteraum?	Gdje je šalter za informạcije/čekaọnica?
Kann ich das als Handgepäck mitnehmen?	Mogu li ovo ụzeti kao ručnu prtljạgu?
Hat die Maschine nach ... Verspätung?	Kasni li avion za ...?
Wieviel Verspätung hat sie?	Kọliko kasni?
Ist die Maschine aus ... schon gelandet?	Je li već slẹtio avịon iz ...?
• Letzter Aufruf. Die Passagiere nach ..., Flug-Nr. ... werden gebeten, sich zum Ausgang ... zu begeben.	Pọsljednji poziv. Mọlimo pụtnike za ..., lịnija broj ..., da pođu na izlaz ...

An Bord — U avionu

● Bitte das Rauchen einstellen! Anschnallen, bitte!	Molimo da se vežete i prestanete pušiti.
Wie hoch fliegen wir?	Na kojoj visini letimo?
● Wir fliegen auf einer durchschnittlichen Flughöhe von 8000 Metern.	Letimo na prosječnoj visini od 8000 metara.
Was ist das für ein Fluß? See? Gebirge?	Kako se zove ona rijeka? ono jezero? ona planina?
Wo sind wir jetzt?	Gdje smo sada?
Wann landen wir in ...?	Kada ćemo sletjeti u ...?
Wie ist das Wetter in ...?	Kakvo je vrijeme u ...?
● Wir landen in etwa ... Minuten.	Sletjet ćemo po prilici za ... minuta.

Ankunft	**Dọlazak**
Ich finde mein Gepäck/ meinen Koffer nicht.	Ne mogu naći svoju prtljạgu/svoj kovčeg.
Mein Gepäck ist verlorengegangen.	Moja se prtljạga izgụbila.
Mein Koffer ist beschädigt worden.	Moj je kovčeg ọštećen.
An wen kann ich mich wenden?	Komu se mogu obrạtiti?
Von wo fährt der Bus zum Air Terminal ab?	Ọdakle pọlazi ạutobus za tẹrminal?

Schiff — Brod

Auskunft	**Informạcije**
Welche ist die beste Schiffsverbindung nach ...?	Koja je nạjbolja veza brodom za ...?
Wann fährt das nächste Schiff die nächste Fähre das nächste Motorboot der nächste Dampfer nach ...?	Kada pọlazi slijẹdeći brod slijẹdeći trajekt slijẹdeći mọtorni čamac slijẹdeći pạrobrod za ...?
Wie lange dauert die Überfahrt?	Kọliko traje prijẹvoz?

Welche Häfen werden angelaufen?	U kojim lụkama prịstajemo?
Wann legen wir in ... an?	Kada prịstajemo u ...?
Wie lange haben wir Aufenthalt in .. ?	Kọliko se zadṛžavamo u ...?
Ich möchte eine Schiffskarte nach ...	Molim jednu brodsku kartu za ...
1. Klasse	prva klasa
Touristenklasse	turịstička klasa
eine Einzelkabine	jednokrẹvetna kabịna
eine Zweibettkabine	dvọkrevetna kabịna
Ich möchte eine Karte für die Rundfahrt um ... Uhr.	Molim jednu kartu za kružno putọvanje u ... sati.

An Bord / Na brodu

Bitte, ich suche Kabine Nr. ...	Oprọstite, tražim kabịnu broj ...
Kann ich eine andere Kabine haben?	Mogu li dọbiti drugu kabịnu?

Wo ist mein Koffer/ mein Gepäck?	Gdje je moj kovčeg/moja prtljạga?
Wo ist der Speisesaal/ der Aufenthaltsraum?	Gdje je blagovaọnica/salon?
Wann wird gegessen?	Kada poslụžujete ọbroke?
Steward, bringen Sie mir bitte ...	Stjuard, molim Vas donẹsite mi ...
Ich fühle mich nicht wohl.	Ne ọsjećam se dobro.
Rufen Sie bitte den Schiffsarzt!	Molim Vas pozọvite brodskog lijẹčnika.
Geben Sie mir bitte ein Mittel gegen Seekrankheit.	Molim Vas neko sredstvo protiv morske bọlesti.

Wortliste Reisen

Abflug	polijẹtanje
Abteil	ọdjeljak
Anflug	slijẹtanje
Anhänger (am Koffer)	prịvjesak
Anker	sidro
anlaufen	prịstati
anlegen in	prịstati u
Anlegeplatz	prịstanište
Anschluß	veza
Anschnallgurt	pojas za vezịvanje
auslaufen	isplọviti
ausschiffen	iskṛcati
aussteigen	sići
Auto/fähre	trajekt
~reisezug	ạuto-vlak, *(Ost)* ạuto-voz
Backbord	lịjevi bok
Bahn/hof	kọlodvor, *(Ost)* žẹljeznička stạnica
~steigkarte	pẹronska karta
Besatzung	pọsada
Bettkarte	pọsteljna karta
Boje	plụtača
Bordfest	brodska zạbava
Buchung	rezervạcija

Bug	pramac
Chartermaschine	čarter-avịon
Deck	pạluba
Düsenmaschine	mlaznjak
D-Zug	brzi vlak/(*Ost* voz)
Eilzug	ụbrzani vlak/(*Ost* voz)
Eisenbahn	žẹljeznica
~fähre	žẹljeznički trajekt
Fahr/plan	red vožnje
~preis	vozna cijẹna
~werk	stajni trap
Flug	let
~gast	avịonski putnik
~gesellschaft	avịonska kompạnija
~hafen	ạerodrom
~hafengebühr	ạerodromska taksa
~plan	red lẹtenja
~strecke	relạcija
~zeug	avịon
Gepäck	prtljạga
~aufbewahrung	garderọba
~schein	ọstavnica, prẹdatnica
~schließfach	autọmatski ormạrić
~träger	nosač
~wagen	kolịca za prtljạgu
Handgepäck	ručna prtljạga
Heck	krma
Hubschrauber	helikọpter
Jacht	jahta
Kabine	kabịna
Kai	kej
Kajüte	kajịta
Kapitän	kapẹtan
Kinderfahrkarte	dječja karta
Knoten	čvor
Kreuzfahrt	krstạrenje
Kurs/buch	vozni red
~wagen	kursna kola
Landausflug	izlet na kopno
Landesteg	mostić za prịstajanje
Leuchtturm	svjetiọnik
Liegewagen	kola s lẹžajima, kušet-kola
Linienmaschine	lịnijski avịon
Lokomotive	lokomotịva

Luftkissenboot	hovẹrkraft
Mannschaft	pọsada
Matrose	mornar
Not/ausgang	izlaz za nuždu
~landung	prịnudno slijẹtanje
~rutsche	tọbogan za spasạvanje
Personenzug	pụtnički vlak/(*Ost* voz)
Pilot	pilot
Platzkarte	rezervạcija, karta za mjesto
Reise/tasche	putna torba
~ziel	cilj puta
Rettungs/boot	čamac za spasạvanje
~ring	pojas za spasạvanje
Rollfeld	pista
Rück/fahrkarte	pọvratna karta
~flug	pọvratni let
Rundreisefahrschein	kružna karta
Sammelfahrschein	grupna karta
Schaffner	kondụkter
Schiffsarzt	brodski lịječnik
Schlafwagenkarte	karta za spạvaća kola
Schnellzug	brzi vlak (*Ost* voz)
Schwimmweste	prsluk za spasạvanje
seekrank	bọlestan od morske bọlesti
Steuerbord	desni bok
Übergepäck	višak prtljạge
Überseedampfer	prekooceạnski brod
Wartesaal	čekaọnica
Waschraum	umivaọnica
zollfreier Laden	bẹscarinska prodavaọnica
Zuschlag	dọplata
Zwischen/deck	međupạluba
~landung	međuslijẹtanje

Lopud - Dalmatien

4 An der Grenze - Zoll
Na granici - Carina

Paßkontrolle	**Pąsoška kontrǫla**
• Ihren Paß, bitte!	Molim Vaš pasoš.
• Ihr Paß ist abgelaufen.	Vaš pasoš više ne važi.
• Haben Sie einen Impfschein?	Ịmate li pọtvrdu o cijẹpljenju?
Ich bin gegen ... geimpft.	Cijẹpljen sam protiv
Pocken	vẹlikih bọginja.
Cholera	kọlere.
Gelbfieber	žute grọznice.
Typhus	tịfusa.
Kann ich das Visum hier bekommen?	Mogu li ovdje dọbiti vizu?
• Haben Sie ein Visum?	Ịmate li vizu?

Zollkontrolle	Cạrinska kontrọla
Haben Sie etwas zu verzollen?	Ịmate li nešto za cạrinjenje?
Nein, ich habe nur ein paar Geschenke.	Ne, imam samo nẹkoliko pọklona.
Öffnen Sie bitte den Kofferraum/diesen Koffer.	Izvọlite otvọriti pṛtljažnik/ovaj kovčeg.
Muß ich das verzollen?	Moram li za ovo plạtiti cạrinu?
Wieviel Zoll muß ich bezahlen?	Kọliko cạrine moram plạtiti?

Wortliste Zoll

Beruf	zanịmanje
Bestimmungen	prọpisi *m pl*
Cholera	kọlera
Geburts/datum	prẹzime
~stand	bračno stanje
ledig	*(Mann)* neọženjen, *(Frau)* nẹudata
verheiratet	*(Mann)* ọženjen, *(Frau)* ụdata
verwitwet	*(Mann)* udọvac, *(Frau)* udọvica
Führerschein	vọzačka dọzvola
Familien/name	datum rođẹnja
~name	djẹvojačko prẹzime
~ort	mjesto rođẹnja
Gelbfieber	žụtica

Grenzübergang	grạnični prijẹlaz
gültig	vạžeći, valjan
internationaler Impfpaß	međunạrodna pọtvrda o cijẹpljenju
Malaria	mạlarija
Nationalitätskennzeichen	ọznaka dṛžave
Nummernschild	rẹgistarska plọčica (*ugs* tạblica)
Paßkontrolle	pạsoška kontrọla
Personalausweis	ọsobna karta, *(Ost)* lična karta
Pocken	vẹlike bọginje *f pl*
Staatsangehörigkeit	dṛžavljanstvo
Typhus	tifus
Versicherungskarte	zẹlena karta (osigurạnja)
Visum	viza
Vorname	ime
Wohnort	prebịvalište
Zoll	cạrina
~amt	cạrinarnica
~beamter	cạrinik
~frei	oslọbođen cạrine
~gebühren	cạrinske dạžbine *f pl*
~kontrolle	cạrinska kontrọla
~pflichtig	pọdvrgnut cạrini

5 Bank - Geldwechsel
Banka - Mjenjačnica

Gibt es hier ein Wechselbüro?	Molim Vas, gdje je banka/mjẹnjačnica?
Wann öffnet/schließt die Bank?	Kada se ọtvara/zạtvara banka?
Ich möchte DM (Schilling, Schweizer Franken) in Dinar umwechseln.	Želim promijẹniti marke (šịlinge, švịcarske franke) u dịnare.
Wie ist heute der Wechselkurs?	Kọliki je danas mjẹnjački tečaj/kurs?
Wieviel Dinar bekomme ich für 100 DM?	Kọliko ću dịnara dọbiti za sto mạraka?
Ich möchte diesen Reisescheck/Euroscheck einlösen.	Htio bih ụnovčiti ovaj pụtnički ček/euro-ček.
Darf ich bitte Ihren Paß sehen?	Molim Vaš pasoš.
Würden Sie bitte hier unterschreiben?	Izvọlite ovdje potpịsati.

SOCIJALISTICKA
FEDERATIVNA
REPUBLIKA
JUGOSLAVIJA
СОЦИЈАЛИСТИЧКА
ФЕДЕРАТИВНА
РЕПУБЛИКА
ЈУГОСЛАВИЈА
SOCIALISTICNA
FEDERATIVNA
REPUBLIKA
JUGOSLAVIJA
20
ДВАДЕСЕТ
ДИНАРА
DVAJSET
DINARJEV
DVADESET
DINARA
ДВАЕСЕТ
ДИНАРИ
50
ПЕДЕСЕТ
ДИНАРА
PETDESET
DINARJEV
PEDESET
DINARA
ПЕДЕСЕТ
ДИНАРИ
10
ДЕСЕТ
ДИНАРА
DESET
DINARJEV
DESET
DINARA
ДЕСЕТ
ДИНАРИ
50
20
10
5

НАРОДНА БАНКА ЈУГОСЛАВИЈЕ
NARODNA BANKA JUGOSLAVIJE
НАРОДНА БАНКА НА ЈУГОСЛАВИЈА
ДИНАРА
DINARJEV
1000
DINARA
ДИНАРИ
AN 8950791
НАРОДНА БАНКА ЈУГОСЛАВИЈЕ
NARODNA BANKA JUGOSLAVIJE
НАРОДНА БАНКА НА ЈУГОСЛАВИЈА
ДИНАРА
DINARJEV
500
DINARA
ДИНАРИ
AC 8043969
НАРОДНА БАНКА ЈУГОСЛАВИЈЕ
NARODNA BANKA JUGOSLAVIJE
НАРОДНА БАНКА НА ЈУГОСЛАВИЈА
ДИНАРА
DINARJEV
100
DINARA
ДИНАРИ
AT 9931618
10
5
2
1

Ist Geld für mich überwiesen worden?	Je li zạ mene dọznačen novac?
● Gehen Sie bitte zur Kasse.	Izvọlite poći na blạgajnu.
● Wie wollen Sie das Geld haben?	Koju vrstu novca žẹlite?
Bitte nur Scheine.	Molim samo novčạnice.
Auch etwas Kleingeld.	I malo sitnịša.
Geben Sie mir bitte drei 1000-Dinar-Scheine und den Rest in Kleingeld.	Molim Vas tri novčạnice od tịsuću dịnara, a ostạtak u sitnịšu.

Wortliste Bank

abheben	ụzeti (novac)
auszahlen	isplạtiti
Bank/angestellter	bạnkovni slụžbenik
~konto	tẹkući račun
Bargeld	gotovịna
Betrag	svota
Devisen	devịze *f pl*
einzahlen	uplạtiti
Euroscheck	ẹuro-ček
Formular	obrạzac, formụlar
Geld	novac
Kleingeld	sitniš
~schein	novčạnica
~wechsel	mijẹnjanje novca
D-Mark	(njẹmačka) marka
Schilling	šiling
Schweizer Franken	švịcarski franak
Kasse	blạgajna, kasa
Konto	račun
Kreditbrief	krẹditno pismo
Kreditkarte	krẹditna kạrtica
Kurs	tečaj, kurs
Münze	novčić, kovan novac
Provision	prọvizija
Quittung	prịznanica
Reisescheck	pụtnički ček
Schalter	šalter

Scheck	ček
einen ~ ausstellen	ịzdati ček
einen ~ einlösen	ụnovčiti ček
~buch	čẹkovna knjịžica
~karte	čẹkovna karta
Sparbuch	štedna knjịžica
Sparkasse	štediọnica
telegrafisch	telẹgrafski
Überweisung	dọznaka
umwechseln	razmijẹniti
unterschreiben	potpịsati
Unterschrift	potpis
Währung	valụta
Wechselkurs	mjẹnjački tečaj/kurs
zahlen	plạtiti
Zahlung	plạćanje

6 Unterkunft Smještaj

Auskunft	Informạcije
Können Sie mir bitte ... empfehlen?	Molim Vas mọžete li mi preporụčiti
ein gutes Hotel	dobar hotel?
ein einfaches Hotel	skroman hotel?
eine Pension	pansịon?
ein Privatzimmer	prịvatnu sobu?
Ist es ruhig/zentral gelegen?	Da li se nạlazi u mirnom kraju/u centru?
Was wird eine Übernachtung etwa kosten?	Kọliko će otprịlike stạjati jedno nọćenje?
Ist es weit von hier?	Je li dalẹko ọdavde?
Wie komme ich am besten hin?	Kojim ću putem nạjlakše doći tamo?
Gibt es hier einẹ Jugendherberge/einen Campingplatz?	Ima li ovdje neki ọmladinski dom/kamp?

An der Rezeption	**U recẹpciji**
Haben Sie noch Zimmer frei?	Ịmate li još slọbodnih soba?
Nein, wir sind leider ganz belegt.	Nạ žalost nẹmamo, sve je pọpunjeno.
Würden Sie bitte ein anderes Hotel anrufen und fragen, ob dort noch etwas frei ist?	Molim Vas họćete li pịtati telefọnom neki drugi hotel da li još ịmaju nešto slọbodno?
Ja, was für ein Zimmer wünschen Sie?	Da, kakvu sobu žẹlite?
ein Einzelzimmer	jednokrẹvetna soba
ein Zweibettzimmer	dvọkrevetna soba
ein ruhiges Zimmer	mirna soba
ein sonniges Zimmer	sụnčana soba
mit Dusche	s tušem
mit Bad	s kupaọnicom
mit Balkon	s balkọnom
mit Blick aufs Meer	s pọgledom na more
straßenseitig gelegen	prema ụlici
hofseitig gelegen	prema dvọrištu
Kann ich das Zimmer ansehen?	Mogu li pọgledati sobu?
Dieses Zimmer gefällt mir nicht. Zeigen Sie mir ein anderes.	Ova mi se soba ne sviđa. Pokạžite mi neku drugu.
Dieses Zimmer ist sehr hübsch. Ich nehme es.	Ova je soba vrlo lijẹpa. Ụzimam je.
Was kostet das Zimmer mit	Kọliko stoji soba s
Frühstück?	dọručkom?
Halbpension?	pọlupansionom?
Vollpension?	punim pansiọnom?
Ist alles inklusive?	Je li sve ụračunato?
Gibt es eine Ermäßigung für Kinder?	Ima li pọpusta za djecu?
Wollen Sie bitte den Anmeldeschein ausfüllen?	Izvọlite pọpuniti prijavnicu.

• Darf ich Ihren Reisepaß/Personalausweis sehen?	Ịmate li pasoš/ọsobnu kartu?
Bitte lassen Sie das Gepäck auf mein Zimmer bringen.	Molim Vas pošạljite prtljạgu u moju sobu.
Wo kann ich den Wagen abstellen?	Gdje mogu smjẹstiti kola?
• In unserer Garage/Auf unserem Parkplatz.	U našoj garạži/Na našem parkịralištu.

Gespräche mit dem Hotelpersonal — Rạzgovori s họtelskim ọsobljem

Wo ist	Gdje je
der Speisesaal?	blagovaọnica/restọran?
der Aufzug?	lift?
das Bad?	kupaọnica?
Schicken Sie mir bitte das Frühstück um ... Uhr aufs Zimmer.	Molim Vas pošạljite mi u ... sati dọručak u sobu.
Wo kann man frühstükken?	Gdje se dọručkuje?
Zum Frühstück nehme ich	Za dọručak ću ụzeti
Tee mit Milch/Zitrone.	čaj s mlijẹkom/lịmunom.
schwarzen Kaffee.	crnu kavu.
Kaffee mit Milch.	bijẹlu kavu.
Schokolade.	kạkao.
einen Fruchtsaft.	voćni sok.
ein weiches/hartes Ei.	rọvito/tvrdo kụhano jaje.
Rühreier.	kạjganu.
Brot/Brötchen.	kruh (*Ost* hleb)/zẹmičku.
ein Hörnchen.	kiflu.
Butter.	maslac (*ugs* putar).
Käse.	sir.
Schinken.	šunku.
Honig.	med.
Marmelade	pekmez/marmelạdu.

Hat das Hotel ein Schwimmbad/einen eigenen Strand?	Ima li hotel bazen/vlạstitu plažu?
Wecken Sie mich bitte morgen früh um ... Uhr.	Molim Vas probụdite me ụjutro u ... sati.
Würden Sie mir bitte ... bringen?	Molim Vas họćete li mi dọnijeti
noch ein Handtuch	još jedan ručnik?
ein Stück Seife	jedan sapun?
einige Kleiderbügel	nẹkoliko vjẹšalica?
eine Wolldecke	jedan vụneni pokrịvač?
ein Kissen	jedan jastuk?
Bitte meinen Schlüssel.	Molim moj ključ.
Ist Post für mich da?	Ima li pošte za mene?
Haben Sie Ansichtskarten/Briefmarken?	Ịmate li dọpisnica/mạraka?
Wo kann ich diesen Brief einwerfen?	Gdje mogu ubạciti ovo pismo?
Wo kann ich telefonieren?	Gdje mogu telefonịrati?
Ich möchte dieses Telegramm aufgeben.	Htio (Htjela *f*) bih prẹdati ovaj telẹgram.
Kann ich meine Sachen hier lassen, bis ich wiederkomme?	Mogu li ovdje ọstaviti svoje stvari, dok se ne vratim?

Beanstandungen	**Prịtužbe**
Das Zimmer ist nicht gereinigt worden.	Soba nije pọčišćena.
Die Dusche Die Spülung Die Heizung Das Licht Das Radio Der Fernseher funktioniert nicht.	Tuš Ispịranje Grịjanje Svjetlo Rạdio Televịzor ne radi.
Der Wasserhahn tropft.	Slạvina kaplje.
Es kommt kein (warmes) Wasser.	Nema (tople) vode.
Die Toilette/Das Waschbecken ist verstopft.	Zahod/Umivaọnik je zạčepljen.
Das Fenster schließt nicht/geht nicht auf.	Prozor se ne da zatvọriti/otvọriti.
Der Schlüssel paßt nicht.	Ključ nije pravi (*ugs* ne paše).

Abreise	**Ọdlazak**
Ich reise heute abend/morgen um ... Uhr ab.	Ọdlazim večẹras/sutra u ... sati.
Bis wann muß ich das Zimmer räumen?	Do kada moram napụstiti sobu?
Machen Sie bitte die Rechnung fertig.	Molim Vas priprẹmite mi račun.
Getrennte Rechnungen bitte.	Molim Vas pọsebne račụne.
Die Rechnung stimmt nicht.	Račun nije točan.
Nehmen Sie deutsches Geld/Euroschecks?	Prịmate li njẹmački novac/ẹuro-čẹkove?

Bitte senden Sie meine Post an diese Adresse nach.	Molim Vas šạljite moju poštu na ovu adrẹsu.
Lassen Sie bitte mein Gepäck herunterbringen.	Molim Vas da se moja prtljạga donẹse dolje.
Lassen Sie bitte mein Gepäck zum Bahnhof/ zum Air Terminal bringen.	Molim Vas da se moja prtljạga donẹse na kọlodvor/tẹrminal.
Rufen Sie mir bitte ein Taxi.	Molim Vas pozọvite mi taksi.
Ich reise mit dem Zug um ... Uhr nach ...	Pụtujem vlakom u ... sati za ...
Vielen Dank für alles. Auf Wiedersehen.	Hvala lijẹpa na svemu. Do viđẹnja.

Camping | **Kampịranje**

Gibt es in der Nähe einen Campingplatz?	Ima li u blizịni neki kamp?
Wie kommt man hin?	Kuda se ide tamo?
Könnten Sie mir bitte den Weg auf der Karte zeigen?	Mọžete li mi pokạzati put na karti?

Haben Sie noch Platz für einen Wohnwagen/ ein Zelt?	Ịmate li još mjesta za kamp-prịkolicu/ šator?
Wie hoch ist die Gebühr pro Tag und Person?	Kọlika je tarịfa po ọsobi na dan?
Wie hoch ist die Gebühr für	Kọlika je tarịfa za
das Auto?	ạuto?
den Wohnwagen?	kamp-prịkolicu?
das Zelt?	šator?
Vermieten Sie Ferienhäuser/Wohnwagen?	Iznạjmljujete li bụngalove/kamp-prịkolice?
Wo kann ich meinen Wohnwagen aufstellen/ mein Zelt aufschlagen?	Gdje mogu pọstaviti kamp-prịkolicu/ razạpeti šator?
Wir bleiben ... Tage/ Wochen.	Ọstajemo ... dana/tjedna.
Gibt es hier ein Lebensmittelgeschäft?	Ima li ovdje tṛgovina nạmirnicama?
Wo sind die	Gdje su
Toiletten?	zạhodi?
Waschräume?	umivaọnice?
Duschen?	tụševi?
Abfallbehälter?	kante za smeće?
Gibt es hier Stromanschluß?	Ima li tu prịključak na struju?
Haben Sie 220 oder 110 Volt?	Ịmate li 220 ili 110 volti?
Wo kann ich Gasflaschen umtauschen/ausleihen?	Gdje mogu zamijẹniti/unạjmiti plinske boce?
Ist der Campingplatz bei Nacht bewacht?	Je li kamp čuvan noću?
Gibt es hier einen Kinderspielplatz?	Ima li tu dječje ịgralište?
Können Sie mir bitte ... leihen?	Molim Vas mọžete li mi posụditi ...?

Wortliste Unterkunft

Anmeldung	prịjava
Apartment	apạrtman
Aschenbecher	pepẹljara
Aufzug	lift, dịzalo
Badezimmer	kupaọnica
Balkon	balkon
Bett	krevet
~decke	pokrịvač
~laken	plahta
~wäsche	posteljịna
Kinderbett	dječji krevet
Kopfkissen	jastuk
Camping/ausweis	ịskaznica za kamp
~führer	vodič za kạmpove
Dusche	tuš
Eimer	vjedro, kanta
Etage	kat, sprat
Fenster	prozor
Gas/flasche	plinska boca
~kocher	kụhalo na plin
Halbpension	pọlupansion
Handtuch	ručnik
Hausschlüssel	ključ od kuće
Heizung	grịjanje, lọženje
Kanister	kanịstar, kanta
Kategorie	kategọrija
Kinderspielplatz	dječje ịgralište
Kleiderbügel	vjẹšalica
Klimaanlage	klimatizạcija
Kocher	kụhalo, rešo
Kochstelle	prostor za kụhanje
Kost und Logis	hrana i stan
Kühl/schrank	hladnjak
~tasche	torba za hlạđenje
Lampe	svjẹtiljka, lampa
Lebensmittelgeschäft	prodavaọnica nạmirnica

Leihgebühr	pozajmnịna
Lichtschalter	prekịdač
Luftmatratze	gụmeni madrac
Miete	najam
Mitgliedskarte	članska karta
Motel	motel
Nachttisch	noćni ormạrić
~lampe	noćna svjẹtiljka/lampa
Propangas	propan-plin
Schlafsack	vreća za spạvanje
Schlüssel	ključ
Schrank	ormar
Sessel	stọlica
Spiegel	oglẹdalo
Spirituskocher	kụhalo na špirit
Steckdose	ụtičnica
Stecker	utịkač
Strom	struja
~anschluß	prịključak na struju
~spannung	napon struje
Terrasse	terạsa
Toilette	toạlet, zahod
Toilettenpapier	toalẹtni papir
Trinkwasser	pitka voda
Übernachtung	nọćenje
Verlängerungs/schnur	prọdužni kabl
~woche	dọdatni tjedan
vermieten	iznạjmiti
Vollpension	puni pansịon
Vorhang	zạvjesa
Wasch/becken	umivaọnik
~raum	umivaọnica
Wasser	voda
~glas	čaša za vodu
~hahn	slạvina
kaltes ~	hladna voda
warmes ~	topla voda
Wohnung	stan
Wohnwagen	kamp-prịkolica
Zelt	šator
zelten	kampịrati
Zentralheizung	cẹntralno grịjanje
Zimmer	soba

7 Essen und Trinken
Jela i pića

Im Restaurant	U restorạnu
Wo gibt es hier	Gdje se nạlazi
ein gutes Restaurant?	neki dobar restọran?
einen Schnellimbiß?	neki bife?
eine einfache Gaststätte?	neka ọbična gostiọnica?
ein typisches Restaurant?	neki tịpični restọran?
ein nicht zu teures Restaurant?	neki jeftịniji restọran?
Wo kann man hier gut/preiswert essen?	Gdje se može dobro/jẹftino jesti?
Ist dieser Tisch/Platz noch frei?	Je li ovaj stol slọbodan/ovo mjesto slọbodno?
Einen Tisch für 2/3 Personen, bitte.	Jedan stol za dvije/tri ọsobe, molim.
Reservieren Sie uns bitte für heute abend einen Tisch für 4 Personen.	Molim Vas rezẹrvirajte nam za večẹras stol za čẹtiri ọsobe.

Bestellung	**Nạrudžba**
Herr Ober, die Speisekarte/Weinkarte, bitte.	Kọnobare, molim Vas jẹlovnik/vinsk kartu.
Was können Sie mir empfehlen?	Što mi mọžete preporụčiti?
Geben Sie auch halbe Portionen für Kinder?	Dạjete li i polọvine pọrcija za djecu
● Was nehmen Sie als Vorspeise/Nachtisch?	Što ćete ụzeti za prẹdjelo/dezert?
Als Vorspeise nehme ich …	Za prẹdjelo ću ụzeti …
Als Hauptgericht nehme ich …	Za glavno jelo ću ụzeti …
Ich nehme …	Uzet ću …
Bitte bringen Sie uns …	Molim Vas donẹsite nam …
Dauert es lange? Wir haben es eilig.	Traje li to dugo? Nama se žuri.
● Wie möchten Sie Ihr Steak haben?	Kakav biste ọdrezak žẹljeli?
gut durch	dobro pečen
halbdurch	pọlupečen
englisch	krvav/na ẹngleski

Was wollen Sie trinken?	Što žẹlite piti?
Bitte ein Glas/eine Flasche ...	Molim Vas čašu/bocu ...

Beanstandungen	**Prịtužbe**
Hier fehlt	Ovdje nedọstaje
ein Messer.	nož.
eine Gabel.	vịljuška/vịlica.
ein Löffel.	žlica (*Ost* kạšika).
ein Teller.	tanjur.
ein Glas.	čaša.
Das habe ich nicht bestellt.	To nisam narụčio.
Das Essen ist kalt/versalzen.	Jelo je hladno/prẹslano.
Das Fleisch ist zäh/zu fett.	Meso je žịlavo/prẹmasno.
Der Fisch ist nicht frisch.	Riba nije svježa.
Nehmen Sie es bitte zurück.	Vrạtite ovo, molim.

Die Rechnung / Račun

Die Rechnung	Račun
Bezahlen, bitte.	Plạtiti, molim.
Bitte alles zusammen/ getrennte Rechnung.	Molim sve zạjedno/pọsebne račụne.
Ist die Bedienung inklusive?	Je li servis ụračunat?
Das scheint mir nicht zu stimmen.	Čini mi se da ovo nije točno.
Das habe ich nicht gehabt. Ich hatte …	Ovo nisam ịmao. Ịmao sam …
Das ist für Sie.	To je za Vas.
Das Essen war ausgezeichnet.	Jelo je bilo ọdlično.

Wortliste Essen

Abendessen	vẹčera
anmachen (Salat)	začịniti
Aschenbecher	pepẹljara
bedienen, sich	slụžiti se
Besteck	pribor za jelo
Brot	kruh, *(Ost)* hleb
Brotkorb	kọšarica za kruh (*Ost* hleb)
Dosenöffner	otvạrač za lịmenke
durchgebraten	dobro pečen
Eierbecher	čạšica za jaje
entkorken	otčẹpiti
Essig	ocat, sirće
Essig- und Ölständer	stalak za ocat i ulje
fett	mastan
Flaschenöffner	otvạrač za boce
frisch	svjež
Frühstück	dọručak, zạjutrak
Füllung	nadjev, *(ugs)* fil
Gabel	vịljuška, vịlica
Gang	jelo
gar	kuhan
gebacken	pečen, pohan

gebraten	pečen
am Spieß	na ražnju
vom Grill	na žaru
in der Pfanne	u tavi
gedämpft	kuhan u pari
gedünstet	pirjan, *(ugs)* dinstan
gefüllt	punjen
gekocht	kuhan
geräuchert	dimljen
geröstet	pržen
Geschmack	ukus
Gewürz	začin
Gräte	riblja kost *f*
Gurke	krạstavac
hungrig sein	biti gladan
Kaffeekanne	kạvnica, ibrik
Kapern	kạpari *m pl*
Karaffe	karạfa
Kellner/in	kọnobar/ica
Knoblauch	češnjak, bijẹli luk
Knochen	kost *f*
kochen	kụhati
Korkenzieher	vạdičep
Krug	vrč, bokal
Löffel	žlica, *(Ost)* kạšika
Teelöffel	žlịčica za čaj
Lorbeer	lovor

mager	mršav, krt
Mayonnaise	majonẹza
Messer	nož
Mittagessen	ručak
Muskatnuß	ọrašac
Nelken	klịnčići *m pl*
Ober	kọnobar
Öl	ulje, zejtin
Oliven	mạsline *f pl*
Petersilie	peršun
Pfeffer	papar, biber
Portion	pọrcija
Pilze	gljiva
roh	prijẹsan, sirov
Rost	roštilj
saftig	sočan
Salz	sol *f*
sauer	kịseo
scharf	ljut
Scheibe	kriška
schmackhaft	ụkusan
Schonkost	dịjetna hrana
Schüssel	zdjela
Senf	slạčica, gorụšica, *(ugs)* senf
Serviette	ubrus
Soße	umak, sos
Speise	jelo
Suppenteller	tanjur za juhu
süß	sladak
Tablett	poslụžavnik
Tagesgericht	jelo dana
Tasse	šạlica, *(Ost)* šolja
Untertasse	tanjụrić
Teekanne	čajnik
Tischtuch	stolnjak
Touristenmenu	turịstički meni
weich	mek(an), rovit
würzen	začịniti
zäh	žilav
Zahnstocher	čạčkalica
zart	mek(an)
Zitrone	limun
Zuckerdose	šẹćernica
Zwiebel	luk

Straßencafé in Split

Bezeichnungen jugoslawischer Gaststätten

restaurant/restoran/restauracija – entspricht dem internationalen Begriff vom Restaurant mit umfangreichem Angebot an Gerichten und Getränken.

kavana/kafana – entspricht etwa dem deutschen Café. Außer Kaffee werden auch Erfrischungen, alkoholische Getränke und Kuchen angeboten.

gostionica/krčma – Gasthaus in dem es hausgemachte Speisen und alle Sorten von Getränken gibt.

bife/buffet – entspricht etwa der deutschen Imbißstube.

Jelovnik
Speisekarte

Predjela

dalmạtinski pršut
dalmatinischer Schinken

filẹki
Kutteln

frạncuska salạta
französischer Salat

hladni pladanj
kalte Platte

hrẹnovke
Frankfurter Würstchen

jẹtrena paštẹta
Leberwurst

kobạsica
Wurst

kụhana šunka
gekochter Schinken

Vorspeisen

mozak s jạjetom
Hirn mit Ei

pečẹnice
Bratwürste

pẹčurke na žaru
Bratwürste vom Rost

pụnjene rạjčice
gefüllte Tomaten

salạma
Salami

sardịne u ulju
Ölsardinen

šụnkerica
Schinkensalami

tlạčenica
Preßwurst

Juhe
Suppen

gọveđa juha
Fleischbrühe

gulaš-juha
Gulaschsuppe

krepka juha
Kraftbrühe

juha od graha
Bohnensuppe

juha od krụmpira
Kartoffelsuppe

juha od pọvrća
Gemüsesuppe

juha od rạjčica
Tomatensuppe

pịleća krem-juha
Hühnercremesuppe

riblja juha
Fischsuppe

tẹleća ragu-juha
Kalbsragoutsuppe

Ribe i ljuskari
Fische und Schalentiere

bakạlar
Stockfisch

dagnje
Miesmuscheln

jastog
Hummer

lignja, sipa
Tintenfisch

losos
Lachs

mọruna
Stör

dimljen
geräuchert

lešo, kuhan
blau, gesotten

oslić
Seehecht

ọstrige
Austern

pạstrva
Forelle

rak
Krebs

sleđ
Hering

skuša
Makrele

na žaru
vom Rost

marinịran
mariniert

som
Wels

srdẹlica
Sardelle

šaran
Karpfen

štuka
Hecht

tuna
Thunfisch

zubạtac
Zahnbrasse

pohan
paniert

pržen
gebraten

Mesna jela — Fleischgerichte

bečki ọdrezak
Wiener Schnitzel

bụbrezi
Nieren

ẹngleski rostbif
englisches Roastbeef

jạnjeći pạprikaš
Lammpaprika

kụhana gọvedina
gekochtes Rindfleisch

nạravni ọdrezak
Naturschnitzel

ọdojak na ražnju
Spanferkel am Spieß

pịrjana gọvedina
gedünstetes Rindfleisch

pržọlica s lukom
Zwiebelrostbraten

pụnjena tẹleća prsa
gefüllte Kalbsbrust

svinjski gulaš
Schweinegulasch

svinjski kotlet
Schweinekotelett

tẹleća jetra na žaru
Kalbsleber vom Rost

tẹleće pečẹnje
Kalbsbraten

Narodna jela — Nationalgerichte

bọsanski lonac
bosnischer Eintopf

burek sa sirom
gebackener Käsestrudel

ćevạpčići
Fleischröllchen vom Rost

dalmạtinska pašticạda
dalmatinischer Rinderbraten

đuveč
Reisgericht mit Fleisch und Gemüse

gịbanica
serbischer Käsekuchen

mụćkalica
gemischtes Zwiebelfleisch

musạka
Fleischgericht mit Eierfrüchten und Reis

pljẹskavica
Hackfleisch vom Rost

pọdvarak
Braten auf Sauerkraut

pụnjene pạprike
gefüllte Paprikaschoten

rạžnjići
Fleischspießchen vom Grill

sarma
Krautblätter mit Hackfleisch

vjẹšalica
gegrilltes Kalbsschnitzel

Divljač i perad — Wild und Geflügel

divlja guska
Wildgans

divlja patka
Wildente

guska
Gans

fazan
Fasan

jarẹbica
Rebhuhn

kokoš
Henne

kunić
Kaninchen

patka
Ente

pijẹtao
Hahn

pile
Huhn

prẹpelica
Wachtel

puran
Truthahn

srna
Reh

šljuka
Schnepfe

zec
Hase

Povrće — Gemüse

blitva
Mangold

bijẹli kupus
Weißkraut

bụndeva
Kürbis

cvjẹtača
Blumenkohl

gljive
Pilze

grah
Bohnen

grašak
Erbse

kelj
Wirsing

krạstavac
Gurke

krumpir
Kartoffel

leća
Linsen

mrkva
Karotten

pạprika
Paprika

pọriluk
Porree

prọkulica
Rosenkohl

rạjčica
Tomate

rọtkvica
Radieschen

špinat
Spinat

Prilozi

Beilagen

kụhani krumpir
Salzkartoffeln

makarọni
Makkaroni

okrụglice
Knödel

pẹčeni krumpir
Bratkartoffeln

rẹstani krumpir
geröstete Kartoffeln

rezạnci
Nudeln

riža
Reis

špagẹti
Spaghetti

Salate

Salate

krumpir-salạta
Kartoffelsalat

mijẹšana salạta
gemischter Salat

salạta od cikle
Rote-Rüben-Salat

salạta od krạstavaca
Gurkensalat

salạta od rạjčica
Tomatensalat

zẹlena salạta
grüner Salat

Jela od jaja

jaja na oko
Spiegeleier

kạjgana
Rühreier

omlet sa sirom
Omlette mit Käse

Eierspeisen

pọširana jaja
verlorene Eier

rọvita jaja
weiche Eier

tvrdo kụhana jaja
hartgekochte Eier

Sirevi

bijẹli sir
Quark, Topfen

dịmljeni sir
geräucherter Käse

kačkạvalj
mazedonischer Schafkäse

kozji sir
Ziegenkäse

Käse

ovčji sir
Schafkäse

paški sir
Käse von der Insel Pag

srpski sir
serbischer Käse

trapist
Trappistenkäse

Zaslade

čokolạdna krema
Schokoladencreme

kolač
Kuchen

kompot
Kompott

krẹmpita
Cremeschnitten

nạbujak od riže
Reisauflauf

palačịnke sa sirom
Pfannkuchen mit Käse

Nachspeisen

puding, vạrenac
Pudding

savịjača s jạbukama
Apfelstrudel

torta od ọraha
Nußtorte

tụčeno vrhnje
Schlagsahne

ụštipci
Krapfen

voćna salạta
Obstsalat

Voće — Obst

ạnanas
Ananas

banạna
Banane

breskva
Pfirsich

dinja
Zuckermelone

grožđe
Weintrauben

jạbuka
Apfel

jạgode
Erdbeeren

kạjsija
Aprikose

kruška
Birne

kụpine
Brombeeren

limun
Zitrone

lubẹnica
Wassermelone

mạline
Himbeeren

nạranča
Apfelsine

ọrasi
Nüsse

smokva
Feige

šljiva
Pflaume

trešnje
Kirschen

Kavana, sladoled — Café, Eisdiele

bijẹla kava
Milchkaffee

crna kava
schwarzer Kaffee

čaj s lịmunom
Tee mit Zitrone

čajno pẹcivo
Teegebäck

kolač
Kuchen

lẹdena kava
Eiskaffee

mlijẹko
Milch

slạdoled od jạgoda
Erdbeereis

slạdoled sa šlagom
Eis mit Schlagsahne

turska kava
türkischer Kaffee

voćni slạdoled
Fruchteis

zẹmička
Brötchen

Karta pića
Getränkekarte

Vino

vino *Wein*
- bijęlo *weiß*
- crno *rot*
- lako *leicht*
- rụžica *rosé*
- trpko *herb*
- slatko *süß*
- staro *alt*

bąkarska vọdica
Schaumwein von Bakar

blątina
prọkupac
burgụndac
bekannte Rotweine

dingač/plavac/ọpolo
dalmatinische Rotweine

fruškọgorski biser
weißer Schaumwein

Wein

šampąnjac
Champagner, Sekt

stolno vino
Tischwein

vino u boci
Flaschenwein

mọstarska žịlavka
Weißwein aus Mostar

silvąnac
grąševina
tramịnac
slowenische Weißweine

prošek
dalmatinischer Dessertwein

župski rizling
serbischer Riesling

Alkoholna pića — Alkoholische Getränke

bola
Bowle

čaša piva
ein Glas Bier

džin
Gin

koktel
Cocktail

konjak
Kogňak

liker
Likör

pivo
Bier

punč
Punsch

rạkija
Schnaps

rum
Rum

travạrica
Kräuterbitter

šljịvovica
Sliwowitz

vermut
Wermut

vinjak
Weinbrand

viski
Whisky

Bezalkoholna pića — Alkoholfreie Getränke

jạbučni sok
Apfelsaft

kịsela voda
Mineralwasser

limunạda
Limonade

mạlina
Himbeersaft

oranžạda
Orangeade

soda-voda
Sodawasser

sok od rạjčica
Tomatensaft

voćni sok
Fruchtsaft

voda
Wasser

8 In der Stadt U gradu

Auf dem Verkehrsbüro	U turịstičkom ụredu
Können Sie mir bitte ein Hotelverzeichnis geben.	Molim Vas mọžete li mi dati popis hotẹla.
Ich möchte einen Stadtplan von ... haben.	Htio (Htjela *f*) bih plan grada ...
Haben Sie einen Veranstaltungskalender für diese Woche?	Ịmate li program prịredbi za ovaj tjedan?
Gibt es Stadtrundfahrten?	Da li prirẹđujete obịlaske grada?
Was kostet die Rundfahrt?	Kọliko stoji obịlazak?
Wann fährt der Bus ab?	Kada pọlazi ạutobus?
Von wo fährt er ab?	Ọdakle pọlazi?

Erkundigung nach dem Weg	**Raspitịvanje o putu**
Bitte, wo ist ...?	Molim Vas, gdje je ...
Können Sie mir sagen, wie ich nach .. komme?	Mọžete li mi reći kako mogu doći u/do ...
Ist es weit zum/zur ...?	Je li dạleko ...?
Welches ist der kürzeste Weg nach/zu ...?	Koji je nạjkraći put za (do) ...?
• Es ist weit.	Dalẹko je.
• Es ist ganz in der Nähe.	Vrlo je blizu.
• Gehen Sie geradeaus.	Pọđite ravno.
• Gehen Sie nach links/nach rechts.	Pọđite nạlijevo/nạdesno.
• Erste/zweite Straße links/rechts.	Prva/druga ụlica lịjevo/desno.
• Gehen Sie über die Brücke. den Platz. die Straße.	Prẹđite most/preko mosta. trg. ụlicu.
• Dann fragen Sie noch einmal.	Onda pịtajte još jednom.
• Sie können ... nehmen. den Bus die Straßenbahn den Obus	Mọžete ići ạutobusom. trạmvajem. trọlejbusom.

Bus, Straßenbahn, U-Bahn	Ạutobus, tramvaj, metro
Welcher Bus/welche Straßenbahn fährt nach ...?	Koji ạutobus/tramvaj vozi u ...?
Bitte, wo ist die nächste Bus-/Straßenbahn-Haltestelle?	Molim Vas gdje je nạjbliža ạutobusna/trạmvajska stạnica?
Welche Linie fährt nach ...?	Koja lịnija vozi do ...?
In welche Richtung muß ich fahren?	U kojem pravcu moram ići?
Wieviele Haltestellen sind es?	Kọliko ima stạnica?
Wo muß ich aussteigen/umsteigen?	Gdje moram ịzaći/prẹsjedati?
Sagen Sie mir bitte, wenn wir dort sind.	Molim Vas kạžite mi kad stịgnemo tamo.
Bitte, einen Fahrschein nach ...	Molim jednu kartu do ...

Taxi	Taksi
Wo ist der nächste Taxistand?	Gdje je nạjbliža taksi-stạnica?
Zum Bahnhof.	Na kọlodvor/(*Ost*) žẹljezničku stạnicu
Zum ... Hotel.	U hotel ...
In die ... Straße.	U ... ụlicu.
Nach ..., bitte.	Do ..., molim.
Wieviel kostet es nach ...?	Kọliko stoji do ...?
Das ist für Sie.	To je za Vas.

Stadtrundfahrt, Ausflüge	Obịlazak grada, ịzleti
Welche Sehenswürdigkeiten gibt es hier?	Kojih znạmenitosti ima ovdje?
Wir möchten ... besichtigen.	Htjeli bismo rạzgledati
die Ausstellung	ịzložbu.
das Museum	muzej.
das Schloß	dvorac.
die Kirche	crkvu.
die Moschee	mošẹju.
Wann ist das Museum geöffnet?	Kada je ọtvoren muzej?
Wann beginnt die Führung?	Kada pọčinje vọđenje?
Gibt es auch eine Führung in Deutsch?	Ima li i vọđiča na njẹmačkom?
Darf man hier fotografieren?	Smije li se ovdje fotografịrati?
Was für ein Platz/eine Kirche ist das?	Kako se zove ovaj trg/ova crkva?
Wann wurde dieses Gebäude erbaut?	Kada je sạgrađena ova zgrada?
Ist das ...?	Je li to ...?
Kommen wir am/an ... vorbei?	Họćemo li proći pored ...?
Besichtigen wir auch ...?	Họćemo li rạzgledati i ...?
Wieviel freie Zeit haben wir in ...?	Kọliko ćemo ịmati slọbodnog vrẹmena u ...?
Wann fahren wir zurück?	Kada se vrạćamo?
Wann werden wir zurück sein?	Kada ćemo stići natrag?

2

Jugoslawien

3

Počitelj im Neretvatal
Römisches Amphitheater in Pula
Dubrovnik
Mostar
Rab
Diokletianspalast in Split

4

6

Kirche, Gottesdienst	Crkva, služba božja
Wo ist die katholische/evangelische/orthodoxe Kirche/die Kathedrale?	Gdje je kạtolička/protẹstantska/pravọslavna crkva/katedrạla?
Wann findet der Gottesdienst statt?	Kada se odṛžava služba božja?
Ist heute eine Taufe/eine Trauung?	Ima li danas krštẹnja/vjenčạnja?
Werden Kirchenkonzerte veranstaltet?	Da li se prirẹđuju dụhovni kọncerti?
Wann kann man die Kirche/die Kapelle besichtigen?	Kada se može rạzgledati crkva/kapẹlu?
Wo wohnt der Pfarrer/der Kirchendiener?	Gdje stạnuje župnik/crkvẹnjak?
Wir möchten gerne die Kirche besichtigen.	Rado bismo rạzgledali crkvu.
Können Sie uns bitte begleiten/den Schlüssel geben.	Molim Vas mọžete li nas prạtiti/nam dati ključ.

Novi Vinodolski

Wortliste Stadt – Sehenswürdigkeiten

Abtei	opạtija
Allee	alẹja
Altar	oltar
Ausgrabungen	ịskopine *f pl*
Ausstellung	ịzložba
barock	barọkni
Besichtigung	razglẹdanje
Bibliothek	knjịžnica, bibliotẹka
Bild	slika
~hauer	kipar, *(Ost)* vajar
Bogen	svod
~gang	arkạda
Botanischer Garten	botạnički vrt
Botschaft	ambasạda
Brücke	most
Brunnen	bunar, zdenac
Burg	zamak
Bürgermeister	gradonạčelnik
Chor	kor, *(Ost)* hor
~stuhl	sjẹdalo u koru
Christ	kṛšćanin, *(Ost)* hrịšćanin
Christentum	kršćạnstvo, *(Ost)* hrišćạnstvo
Denkmal	spọmenik
Dom	stolna crkva
Endstation	krajnja stạnica
Fassade	prọčelje
Flügel	krilo
Fresko	freska
Friedhof	groblje
Führung	vọđenje
Fundbüro	nạlazni ured
Galerie	gạlerija
Gasse	ụlica
Gebäude	zgrada
Gehsteig	pločnik
Geistlicher	svẹćenik, *(Ost)* svẹštenik
Gemälde	slika
Geschäft	tṛgovina, prodavaọnica, dućan
Gewölbe	svod
Glocke	zvono
gotisch	gotski
Gottesdienst	služba božja, *(Ost)* bogoslụženje
Grab	grob

Grünanlage	zẹleni nasad
Haltestelle	stạnica, stạjalište
Hof	dvọrište
Innenstadt	centar grada
Jahrhundert	stọljeće, vijek
Jude	Židov, Jẹvrejin
Kanzel	propovjedaọnica
Kapelle	kapẹla
Kathedrale	katedrạla
Katholik	kạtolik
Kino	kino *m/n, (Ost)* bịoskop
Kirche	crkva
Kirchen/diener	crkvẹnjak
~konzert	dụhovni koncert
Kirchturm	zvonik
Konfession	vjera, rẹligija
Konsulat	konzụlat
Kopie	kọpija
Krankenhaus	bọlnica
Kreuz	križ, *(Ost)* krst
~gang	križni put
Krypta	kripta
Kuppel	kụpola
Leuchter	svijẹćnjak
Maler	slikar
Markt	tṛžište, trg
Marmor	mramor
Messe	misa
Methodist	metọdist
Mittelalter	srednji vijek
mittelalterlich	srednjovjẹkovni
Mittelschiff	srednja lađa
Mosaik	mozạik
Moschee	mošẹja
Moslem	muslịman
Museum	muzej
Oper	ọpera
Orgel	ọrgulje *f pl*
Original	origịnal
Palast	pạlača
Park	park
Pavillon	pavịljon
Pfarrer	župnik, *(Ost)* paroh
Pfeiler	stup

Veldeser See

Plitwitzer Seen

Platz	trg
Portal	portal
Predigt	prọpovijed *f*
Protestant	protẹstant
Querschiff	pọprečna lađa
Rathaus	vijẹćnica
Religion	rẹligija, vjera
romanisch	rọmanski
Ruine	rụševina
Rundfahrt	kružno putọvanje
Sakristei	sakrịstija
Sarkophag	sarkọfag
Säule	stup
Schaufenster	izlog
Schiff	brod
Schloß	dvorac
Schule	škola
Sehenswürdigkeiten	znạmenitosti *f pl*
Stadtrundfahrt	obịlazak grada
Stadtteil	dio grada, gradska četvrt *f*
Stadtzentrum	centar grada
Statue	kip
Sternwarte	zvjẹzdarnica
Stil	stil
Straße	ụlica
Synagoge	sinagọga
Taufbecken	krstiọnica
Taxistand	taksi-stạnica
Tempel	hram
Theater	kạzalište, *(Ost)* pọzorište
Tor	vrata *n pl,* kạpija
Turm	toranj
U-Bahn	metro, pọdzemna žẹljeznica
Umgebung	ọkolina
Universität	sveụčilište, univerzịtet
Vorort	prẹdgrađe

9 Auf der Post
Na pošti

Wo ist das nächste Postamt?	Gdje je nạjbliža pošta?
Ich suche einen Briefkasten.	Tražim pọštanski sạndučić.
Was kostet ein Brief/eine Ansichtskarte	Koliko stoji pismo/rạzglednica
nach Deutschland? nach Österreich? in die Schweiz?	za Njẹmačku? za Ạustriju? za Švịcarsku?
Drei Briefmarken zu ... Dinar, bitte.	Tri marke po ... dịnara, molim.
Diesen Brief bitte	Ovo pismo molim
per Einschreiben. als Luftpost. Express.	prepọručeno. aviọnom. hitno.
Kann ich bei Ihnen auch Sondermarken bekommen?	Mogu li kod Vas dọbiti i prịgodnih mạraka?
Diesen Satz/Je eine Marke, bitte.	Molim Vas ovu sẹriju/po jednu marku.

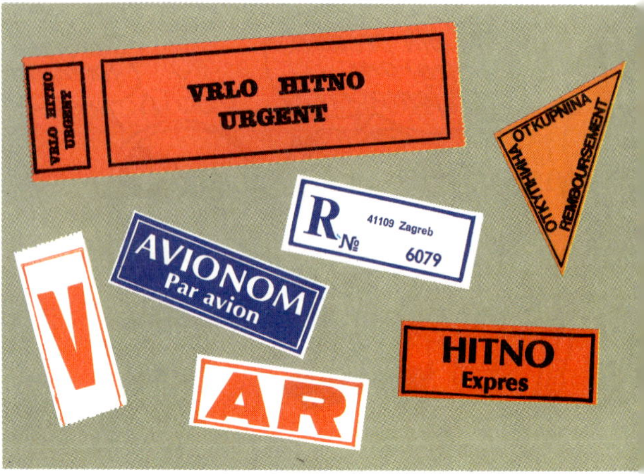

1. dringend (Pakete)
2. Luftpost
3. Einschreiben
4. Nachnahme
5. Wertangabe
6. Rückschein (bei Einschreiben)
7. Eilzustellung

Postlagernd	Post-restạnt
Ist Post für mich da? Mein Name ist …	Ima li pošte za mene? Zovem se …
● Nein, es ist nichts da.	Ne, nema ništa.
● Ja, es ist etwas da. Ihren Ausweis, bitte.	Da, ima nešto. Molim Vas ọsobnu ka tu.

Ferngespräche und Telegramme	Telẹfon i telẹgram
Ich möchte ein Telegramm aufgeben.	Htio bih (Htjela *f*) bih prẹdati telẹgram.
Können Sie mir bitte beim Ausfüllen helfen?	Mọžete li mi pọmoći da ịspunim formụlar?
Was kostet ein Wort?	Kọliko stoji (*ugs* košta) jedna riječ?
● Bis 10 Worte kostet es …, jedes weitere Wort …	Do deset rijẹči stoji …, svaka daljn riječ …

Kommt das Telegramm heute noch in ... an?	Hoće li telẹgram stići još danas u ...?
Wo ist die nächste Telefonzelle?	Gdje je nạjbliža telẹfonska gọvornica?
Können Sie mir bitte wechseln? Ich brauche Kleingeld zum Telefonieren.	Molim Vas mọžete li mi promijẹniti? Trebam sitno za telẹfon.
Bitte ein Ferngespräch nach ...	Želim telefonịrati u ...
Gehen Sie in Kabine Nr. ...	Izvọlite u kabịnu broj ...
Die Leitung ist besetzt.	Lịnija je zạuzeta.
Es meldet sich niemand.	Nitko se ne javlja.
Bleiben Sie bitte am Apparat.	Ne prẹkidajte, molim.
Hallo, mit wem spreche ich?	Halo, tko je tamo?
Hier spricht ...	Ovdje je ...

Vorwahlnummern:

Bundesrepublik Deutschland 99/49
Österreich 99/43
Schweiz 99/41

Jugosl. Automobilclub 9 87
Fernsprechauskunft 9 88
Zeitansage 95
Polizei 92
Rettungsdienst 94
Feuerwehr 93

Lok. broj ....

POLAZNI TELEGRAM

Naplaćeno	
	Din.
Osnovni iznos	....
Za poseb. uslugu	....
....	....
Ukupno:	....

SLUŽBENI DIO									OTPRAVLJEN			
Broj	riječi	Vrijeme			Službene pod.	Primio-la	Telegrafu	Vrijeme			Otpravio-la
		dan	sat	min.				dan	sat	min.	

U VAŠEM JE INTERESU DA TELEGRAM PIŠETE ČITKO ILI TISKANIM SLOVIMA

ADRESA ....

ODREDIŠTE: ....

SADRŽAJ ....

Adresa pošiljaoca telegrama: ....

Obr. Tg 1 (Dim. 210 x 148) mladost, Zagreb

POŠTANSKA UPUTNICA

599872020

popunjava pošiljalac

Pošiljalac: ....

Din.

Isplatiti ....

(slovima)

Primalac ....

Pošta:

POTVRDA O UPLATI

599872020

popunjava pošiljalac

Uplaćeno .... Din. .... p.

Primalac ....

Pošta: ....

POTVRDA O PRIJEMU PAKETA

Prijemni broj ....

Vrijednost din. .... p ....

Posebne usluge			
Hitno	Vrlo hitno	S povratnicom	Avionom
IZDVOJNO			
Nepotrebno precrtati			

Primalac: ....

(pošt. broj i odredišna pošta)

Težina .... kg .... gr.

Poštarina ....

(potpis radnika pošte)

Obr. P-10

Prijemni broj paketa ....

PRIJEMNI LIST

Pošiljalac: ....

Vrijednost din. .... p. ....

Posebne usluge				
Hitno	Vrlo hitno	S povratnicom	Avionom	Izdvojno
Nepotrebno precrtati				

Primalac: ....

(pošt. broj i odredišna pošta)

Težina .... kg ....

Poštarina ....

(potpis radnika pošte)

Wortliste Post

absenden	pọslati
Absender	pošịljalac
Adresse	adrẹsa, naslov
Anruf	(telẹfonski) poziv
anrufen	pọzvati telefọnom, telefonịrati, *(ugs)* nạzvati
Ansichtskarte	rạzglednica
aufgeben	prẹdati
Bestimmungsort	ọdredište
Brief	pismo, list
~kasten	pọštanski sạndučić
~marke	pọštanska marka
~markenautomat	autọmat za prọdaju mạraka
~träger	listọnoša *m*, poštar
~umschlag	ọmotnica, kọverta
Drucksache	tịskanica, *(Ost)* štạmpana stvar *f*
durchwählen	dịrektno bịrati
Eilbrief	hitno pismo
Einschreibebrief	prepọručeno pismo
Empfänger	prịmalac
Ferngespräch	međugrạdski rạzgovor
Fernsprechamt	telẹfonska centrạla
Formular	obrạzac, formụlar
frankieren	plạtiti poštạrinu, frankịrati
Gebühr	poštạrina, tarịfa
Gewicht	težịna
Hörer	slụšalica
Kabel	vod, kabl
Leerung	prạžnjenje
Luftpost	avịonska pošta
mit ~	aviọnom
Münzfernsprecher	javna gọvornica
Münzwechsler	autọmatski mjenjač novca
Nachnahme, per	pouzẹćem
nachsenden	pọslati za kim
Ortsgespräch	mjesni rạzgovor
Paket	paket
Porto	poštạrina
Post/amt	pọštanski ured, pošta
~anweisung	pọštanska ụputnica
~karte	dọpisnica
~lagernd	post-restạnt
~sparbuch	pọštanska štedna knjịžica

Schalter	šalter
Sondermarke	prịgodna marka
Telefon	telẹfon
~buch	telẹfonski ịmenik
~gespräch	telẹfonski rạzgovor
~nummer	telẹfonski broj
~zelle	telẹfonska kabịna
Telegramm	telẹgram, bṛzojav
Überweisung, telegrafische	telẹgrafska dọznaka
Verbindung	veza
Vermittlung	centrạla (telẹfonska)
Voranmeldung	nạjava
Vordruck	obrạzac, formụlar
Vorwahlnummer	pọzivni broj
wählen	bịrati
Wertangabe	ọznaka vrijẹdnosti
Zahlkarte	ụplatnica
Zollerklärung	cạrinska deklarạcija
Zustellung	dọstava

Briefmarken und Ansichtskarten gibt es auch im Tabakladen („trafika“, Inschrift: DUHAN).

10 Auf der Polizei
Na miliciji

Wo ist die nächste Polizeistelle?	Gdje je nạjbliža milịcijska stạnica?
Ich möchte einen Diebstahl/Verlust anzeigen.	Htio (Htjela *f*) bih prijạviti krađu/ ịzgubljenu stvar.
Mir ist die Handtasche die Brieftasche der Koffer der Fotoapparat das Auto gestohlen worden.	Netko mi je ụkrao tọrbicu. lịsnicu. kovčeg. foto-apạrat. ạuto.
Mein Auto ist aufgebrochen worden.	Netko je provạlio u moj ạuto.
Aus meinem Auto ist ... gestohlen worden.	Netko je ụkrao ... iz mog ạuta.
Ich habe ... verloren.	Izgụbio (Izgụbila *f*) sam ...
Können Sie mir bitte helfen?	Molim Vas mọžete li mi pọmoći?

• Wir werden der Sache nachgehen.	Istrạžit ćemo to.
• Ihren Namen und Ihre Anschrift, bitte.	Molim Vas Vaše ime i adrẹsu.

Wortliste Polizei

anzeigen	prijạviti
Armband	nạrukvica
~uhr	ručni sat
Autoschlüssel	ključ od ạuta
beschlagnahmen	zaplijẹniti
Brieftasche	lịsnica
Dieb	krạdljivac, lopov
~stahl	krađa
Erpressung	ụcjena
Fotoapparat	foto-apạrat
Gefängnis	zatvor
Geld	novac
~börse	novčạnik
Gericht	sud
Handtasche	tọrbica
Kette	lančić
Koffer	kovčeg, *(ugs)* kofer
Polizei	mịlicija, polịcija
~revier	milịcijska stạnica
~wagen	milịcijska kola
Polizist	miliciọnar, policạjac
Rauschgift	ọpojna droga
Rechtsanwalt	advọkat
Richter	sudac, *(Ost)* sụdija *m*
Ring	prsten
Schirm	kịšobran
Schlüssel	ključ
Schmuggel	krijumčạrenje, šverc
Schuld	krivịca
Tasche	*(Hand-)* torba, *(Kleidung)* džep
Überfall	napad, prepad
Uhr	sat, *(Ost)* čạsovnik
Unfall	nẹzgoda
Verbrechen	zločin
verhaften	ụhapsiti
Verlust	gubịtak

11 Zeitvertreib – Vergnügungen Razonoda – Zabava

Im Schwimmbad/ Am Strand	**U bazẹnu/Na plaži**
Gibt es hier ein Freibad/Hallenbad?	Ima li ovdje kụpalište/nạtkriti bazen?
Eine Eintrittskarte (mit Kabine), bitte.	Molim jednu ụlaznicu (s kabịnom).
Nur für Schwimmer!	Samo za plivạče!
Baden verboten!	Zạbranjeno kụpanje!
Ist der Strand sandig/ steinig?	Je li plaža pjẹščana/kạmenita?
Wie weit darf man hinausschwimmen?	Do kuda se smije plịvati?
Ist es für Kinder gefährlich?	Je li ọpasno za djecu?

Ich möchte ... mieten.
ein Boot
einen Liegestuhl
einen Sonnenschirm
ein Paar Wasserski

Htio (Htjela *f*) bih unạjmiti
čamac.
lẹžaljku.
sụncobran.
skije za vodu.

Was kostet es pro Stunde/Tag?

Kọliko stoji na sat/dan?

Sport

Sport

Welche Sportveranstaltungen gibt es hier?

Kojih sportskih prịredbi ima ovdje?

Was kann man hier an Sport treiben?

Kojim se sportom može ovdje bạviti?

Gibt es hier
einen Golfplatz?
einen Tennisplatz?
eine Pferderennbahn?

Ima li ovdje
ịgralište za golf?
tẹnisko ịgralište?
hịpodrom?

Wo kann man hier angeln?	Gdje se može pẹcati?
Ich möchte mir das Fußballspiel/das Pferderennen ansehen.	Htio (Htiela *f*) bih pọgledati nọgometnu ụtakmicu/konjske trke.
Wann/Wo findet es statt?	Kada/Gdje se odṛžava (održạvaju)?
Was kostet der Eintritt?	Kọliko stoji ụlaznina?
Gibt es in den Bergen gute Skipisten?	Ima li u bṛdima dobrih skịjaških staza?
Gibt es auch Skilifts?	Ima li i skịjaških lịftova?
Was kostet eine Tageskarte/Wochenkarte?	Kọliko stoji dnevna/tjedna karta?
Gibt es eine Langlaufloipe?	Ima li staza za tṛčanje na skịjama?
Sind die Schneeverhältnisse dort gut?	Ima li tamo dosta snijẹga?
Ich möchte eine Bergtour machen (wandern/klettern).	Htio (Htjela *f*) bih planinạriti (pješạčiti/pẹnjati se).
Können Sie mir eine interessante Route auf der Karte zeigen?	Mọžete li mi pokạzati na karti neku zanịmljivu maršrụtu?
Welchen Sport treiben Sie?	Kojim se sportom bạvite?
Ich spiele ...	Igram ...
Ich bin ein Anhänger von ...	Ja sam prịstaša ...

Theater, Konzert, Kino	**Kạzalište, koncert, kino**
Was wird heute abend im Theater/Kino gegeben?	Što se daje večẹras u kạzalištu (*Ost* pọzorištu)/kinu (*Ost* bịoskopu)?

Können Sie mir ... empfehlen?	Mọžete li mi preporụčiti
ein gutes Theaterstück	dobar kạzališni komad?
ein gutes Konzert	dobar koncert?
einen guten Film	dobar film?
Wann beginnt das Theater/das Kino?	Kada pọčinje kạzalište/kino?
Wo bekommt man Karten?	Gdje se dọbiju karte?
Bitte zwei Karten für heute abend/morgen abend.	Molim dvije karte za večẹras/sutra nạveče.
Bitte zwei Plätze zu ... Dinar	Molim dva mjesta po ... dịnara.
Wann ist die Vorstellung zu Ende?	Kada zavṛšava prẹdstava?
Wo ist die Garderobe?	Gdje je garderọba?

Tanz	Ples
Gibt es hier eine Diskothek?	Ima li ovdje disko-klub?
Wollen wir tanzen gehen?	Hoćemo li poći na ples?
Wollen wir (noch einmal) tanzen?	Hoćemo li (još jednom) plẹsati?
Wollen wir noch einen Bummel machen?	Hoćemo li još malo prošẹtati nạokolo?
Darf ich Sie zu einer Party einladen?	Smijem li Vas pọzvati na žur?
Darf ich Sie noch ein Stück/nach Hause begleiten?	Smijem li Vas ọtpratiti/ọdvesti kući?
Wann sehen wir uns wieder?	Kada ćemo se opet vịdjeti?
Vielen Dank für den netten Abend.	Hvala Vam za ụgodno veče.

Wortliste Zeitvertreib

angeln	pẹcati
Angelschein	dọzvola za pẹcanje
Aufführung	prẹdstava
Autokino	ạuto-kino *m n*
Bade/anzug	kụpaći kostim
~hose	kụpaće gạćice *f pl*
~mütze	kapa za kụpanje
Ballet	balet
Bergsteigen	planinạrenje
Boot	čamac
Boxkampf	boks-meč
Bühne	pọzornica
Dirigent	dirịgent
Dusche	tuš
Eintrittskarte	ụlaznica
Eislauf	klịzanje
Filmschauspieler	filmski glumac
Freilichtkino	ljetno kino

Fußball	nọgomet, *(Ost)* fudbal
~mannschaft	nọgometna momčad, *(Ost)* fụdbalski tim
~platz	nọgometno ịgralište
~spiel	nọgometna ụtakmica
Garderobe	garderọba
gewinnen	dọbiti
Halbzeit	pọluvrijeme
Handball	rụkomet
Inszenierung	inscenạcija
Jagd	lov
Kasse	blạgajna, kasa
Kegeln	kụglanje
Komödie	kọmedija
Komponist	kompọzitor
Konzert	koncert
Loge	loža
Luftmatratze	gụmeni madrac
Motor/boot	mọtorni čamac
~sport	motociklịzam
Niederlage	poraz
Oper	ọpera
Operette	operẹta
Opernglas	kạzališni dogled
Orchester	ọrkestar
Parkett	parket
Pause	odmor, pạuza
Pferderennen	konjske trke *f pl*
Programm	program
radfahren	vọziti se bicịklom
Radsport	biciklịzam
Rang	balkon
1. Rang	prvi balkon
2. Rang	drugi balkon
Regie	rẹžija
Regisseur	režịser
Reitsport	jạhanje
Rennen	trka
Ringkampf	ṛvanje
Rodel	saọnice *f pl*
Rolle	ụloga
Hauptrolle	glavna ụloga
Ruderboot	čamac na vesla
Schauspiel	ịgrokaz, drama

Schauspieler	glumac
Schauspielerin	glụmica
Schiedsrichter	sudac, *(Ost)* sụdija *m*
Schießsport	gạđanje, streljạštvo
Schlauchboot	gụmeni čamac
Schwimmbad	plịvalište
Schwimmen	plịvati
Segelboot	jẹdrilica
Segeln	jẹdrenje
Sieg	pọbjeda
Sinfoniekonzert	simfọnijski koncert
Ski	skije, smučke *f pl*
~bindung	vẹzovi za skije
~laufen	skịjanje, smụčanje
~lift	skịjaški lift
Solist	solist
Sonnenöl	ulje za sụnčanje
Spiel	igra
~plan	program
Sportler	sportaš
Sportler/in	sportạšica
Sportplatz	sportsko ịgralište
Sprungbrett	ọdskočna daska
tauchen	rọniti
Taucherausrüstung	rọnilačka ọprema
Tennis	tenis
~platz	tẹnisko ịgralište
~schläger	tẹniski reket
Theaterstück	kạzališni komad
Tischtennis	stolni tenis, ping-pong
Tragödie	trạgedija
Tretboot	čamac na pẹdala
Turnen	gimnạstika
verlieren	izgụbiti
Volleyball	ọdbojka
Vorhang	zạvjesa
Vorstellung	prẹdstava
Vorverkauf	prẹtprodaja
Wasserski	skije za vodu
Wellenreiten	jẹdrenje na dasci, serfing
Wettkampf	ụtakmica

12 Einkaufen – Geschäfte
Kupovanje – Trgovine

Fragen, Preise	**Pịtanja, cijẹne**
Wo kann man ... kaufen?	Gdje se može kụpiti ...?
Können Sie mir ein ... geschäft empfehlen?	Mọžete li mi preporụčiti tṛgovinu ...?
● Werden Sie schon bedient?	Da li Vas netko poslụžuje?
Ich möchte ...	Htio (Htjela *f*) bih ...
Haben Sie ...?	Ịmate li ...?
Geben/Zeigen Sie mir bitte ...	Molim Vas dajte/pokạžite mi ...
Haben Sie noch ein anderes/eine(n) andere(n) ...?	Ịmate li još neki drugi/neku drugu/neko drugo ...?
Bitte	Molim
ein Paar ...	par ...
ein Dutzend ...	tuce ...
ein Stück ...	komad ...

Haben Sie etwas Besseres/Billigeres?	Ịmate li nešto bolje/jeftịnije?
Das gefällt mir.	Ovo mi se sviđa.
Wieviel kostet es?	Kọliko stoji (*ugs* košta)?/Pošto je?
Ich nehme es.	Uzet ću ovo.
Nehmen Sie	Prịmate li
deutsches Geld?	njẹmački novac?
Reiseschecks?	pụtničke čẹkove?
Euroschecks?	ẹuro-čẹkove?

In der Buchhandlung — U knjịžari

Ich hätte gern	Molim Vas
einen Stadtplan.	plan grada.
eine deutsche Zeitung.	njẹmačke nọvine.
eine Illustrierte.	ilustrịrani čạsopis.
ein Wörterbuch.	rječnik.
einen Reiseführer.	vodič.

Im Fotogeschäft — Kod fotọgrafa

Ich möchte	Molim Vas
einen Film für diesen Apparat.	film za ovaj apạrat.
einen Schwarzweiß-Film.	crnọ-bijẹli film.
einen Farbfilm (für Dias).	film u boji (za dijapọzitive).
einen Film mit 36/20/12 Aufnahmen.	film sa 36/20/12 snịmaka.
einen Super-8-Film.	super-osam film.
einen Kassettenfilm.	kazẹtni film.
zehn Blitzlichtbirnen.	deset sịjalica za blic.
Würden Sie mir bitte diesen Film entwickeln?	Molim Vas mọžete li mi rạzviti ovaj film?

Bitte machen Sie mir je einen Abzug von diesen Negativen.	Molim Vas načịnite mi po jednu kọpiju od ovih nẹgativa.
• Welches Format bitte?	Koji format žẹlite?
Sieben mal zehn./Neun mal neun.	Sedam puta deset./Devet puta devet.
• Wünschen Sie Hochglanz oder Seidenglanz?	Žẹlite li vịsoki ili krịstalni sjaj?
Wann kann ich die Bilder abholen?	Kada mogu doći po slike?
Können Sie bitte diesen Apparat reparieren?	Molim Vas mọžete li mi pọpraviti ovaj apạrat?
Der Sucher/Der Auslöser funktioniert nicht.	Trạžilo/Okịdač ne radi.

Kleidung, Schuhe, Reinigung / Ọdjeća, ọbuća, čịšćenje

Können Sie mir ... zeigen?	Mọžete li mi pokạzati ...?
• Welche Farbe wünschen Sie?	Koju boju žẹlite?
Ich möchte etwas in Gelb.	Htio (Htjela *f*) bih nešto u žutom.
Ich möchte etwas Passendes hierzu.	Htio (Htjela *f*) bih nešto što prịstaje uz ovo.
Kann ich es anprobieren?	Mogu li prọbati?
• Welche (Konfektions-) Größe haben Sie?	Koju (konfẹkcijsku) veličịnu ịmate?
Das ist mir zu eng. kurz. lang. groß.	Ovo mi je prẹusko. prẹkratko. prẹdugačko. prẹveliko.

Das paßt gut. Ich nehme es.	Ovo mi dobro stoji. Uzet ću ovo.
Ich möchte ein Paar Halbschuhe. Hausschuhe. Kinderschuhe. Sandalen. Stiefel. Skistiefel.	Htio (Htjela *f*) bih par niskih cịpela. pạpuča. dječjih cịpela. sạndala. čịzama. skịjaških cịpela.
Ich habe Schuhgröße ...	Nosim cịpele broj ...
Sie drücken mich.	Ove me žụljaju.
Sie sind zu eng/weit.	Ove su prẹuske/prẹširoke.
Bitte noch eine Dose Schuhkrem/ein Paar Schnürsenkel.	Molim još kụtiju kreme za cịpele/par vẹzica za cịpele.
Ich möchte diese Sachen reinigen/waschen lassen.	Htio (Htjela *f*) bih dati ove stvari na čịšćenje/pranje.
Wann sind sie fertig?	Kada će biti gọtove?

Lebensmittel — Nạmirnice

Geben Sie mir bitte ...	Molim Vas dajte mi ...

Markt in Dubrovnik

Beim Optiker	**Kod ọptičara**
Würden Sie mir bitte diese Brille reparieren?	Molim Vas họćete li mi pọpraviti ove nạočale?
Wann kann ich die Brille abholen?	Kada mogu doći po nạočale?
Was kostet die Reparatur?	Kọliko stoji pọpravak?
Ich suche eine Sonnenbrille.	Trebam nạočale protiv sunca.

Im Tabakladen	**U trạfici**
Ein Päckchen ... Zigaretten mit/ohne Filter.	Molim kụtiju cigarẹta ... s fịlterom/bez fịltera.
Haben Sie deutsche/amerikanische Zigaretten?	Ịmate li njẹmačkih/amẹričkih cigarẹta?
Zehn Zigarren/Zigarillos, bitte.	Molim deset cigạra/cigarịlosa.
Eine Dose Tabak, bitte.	Molim kụtiju duhạna.
Eine Schachtel Streichhölzer, bitte.	Molim kụtiju šịbica.

Beim Uhrmacher, Juwelier	**Kod urạra/draguljạra**
Meine Uhr geht nicht mehr. Können Sie mal nachsehen?	Moj sat više ne radi. Mọžete li ga pọgledati?
Ich möchte ein hübsches Andenken/Geschenk.	Htio (Htjela *f*) bih jedan lijep suvẹnir/poklon.

Wieviel wollen Sie ausgeben?	Ko̩liko smije stą̧jati/(*ugs*) ko̩štati?
Ich möchte etwas nicht zu Teures.	Htio (Htjela *f*) bih nešto što nije prę̧skupo.
Was kostet ...?	Ko̩liko stoji ...?/Pošto je ...?

Wortliste Geschäfte

Antiquariat	antikvari̩jat
Antiquitätengeschäft	tr̩govina stari̩nama
Apotheke	lję̧karna, apotę̧ka
Bäckerei	pę̧kara
Blumengeschäft	cvję̧ćarnica
Buchhandlung	knji̩žara
Drogerie	drogę̧rija
Eisenwarengeschäft	željeznạrija, *(Ost)* gvo̩žđara
Elektrohandlung	prodavao̩nica elę̧ktrične robe
Fischgeschäft	ri̩barnica
Fotoartikel	foto̩grafski pribor
Friseur	frizer
Gemüsehändler	piljar
Juwelier	dragu̩ljar, juvę̧lir
Kaufhaus	robna kuća
Konditorei	slasti̩čarnica

Kosmetiksalon	kozmẹtički salon
Kunsthändler	tṛgovac ụmjetninama
Lebensmittelgeschäft	prodavaọnica nạmirnica
Lederwarengeschäft	prodavaọnica kožne robe
Metzgerei	mẹsnica
Milchgeschäft	mljẹkarnica
Möbelgeschäft	prodavaọnica nạmještaja
Musikgeschäft	prodavaọnica muzikạlija
Obsthandlung	vọćarnica
Optiker	ọptičar
Parfümerie	parfimẹrija
Pelzgeschäft	prodavaọnica krzna
Porzellangeschäft	prodavaọnica porculạna
Reinigung, chemische	kẹmijska čistiọnica
Reiseandenken	suvenịri *m pl*
Reisebüro	pụtnička agẹncija
Schallplattengeschäft	prodavaọnica gramọfonskih ploča
Schneider/in	krojač/krojạčica
Schreibwarengeschäft	pạpirnica
Schuhgeschäft	prodavaọnica ọbuće
Schuhmacher	ọbućar
Selbstbedienungsladen	samoposlužịvanje
Spielwarengeschäft	prodavaọnica ịgračaka
Spirituosengeschäft	prodavaọnica ạlkoholnih pića
Sportartikel	sportski pribor
Stoffgeschäft	prodavaọnica tkạnina
Süßwarengeschäft	prodavaọnica slatkịša
Tabakladen	trạfika
Uhrmacher	urar, *(Ost)* čạsovničar
Verkehrsbüro	turịstički ured

Waffenhandlung	prodavaọnica ọružja
Wäscherei	praọnica
Weinhandlung	prodavaọnica vina
Zeitungshändler	prodạvač nọvina

Wortliste Kleidung

Abendkleid	vẹčernja hạljina
Absatz	pọtpetica
anprobieren	prọbati
Anzug	odijẹlo
Ärmel	rukạvi *m pl*
Bade/anzug	kụpaći kostim
~hose	kụpaće gạćice *f pl*
~mantel	kụpaći ogṛtač
~mütze	kapa za kụpanje
Baumwolle	pamuk
Bikini	bikịni *m*
Bluse	bluza
bügeln	glạčati, *(ugs)* pẹglati
Büstenhalter	grudnjak
chemisch reinigen	kẹmijski čịstiti
einfarbig	jednọbojan
Farbe	boja
Flanell	flanel
Futter	pọdstava
gestreift	prugast
Gummistiefel	gụmene čizme *f pl*
Gürtel	pojas
Halstuch	mạrama (za vrat)
Handschuhe	rukạvice *f pl*
Hemd	kọšulja
Hose	hlače *f pl, (Ost)* pantalọne *f pl*
kurze Hose	kratke hlače *f pl*
Hut	šešir
Jacke	kapụtić, jakna
kariert	kockast, kạriran
Kleid	hạljina
Kniestrümpfe	dọkoljenice *f pl*
knitterfrei	ne gužva se
Knopf	gumb, dugme
Konfektion	konfẹkcija
Kostüm	kostim
Krawatte	kravạta
Kunstfaser	ụmjetno vlakno

Leder/jacke	kožni kapụtić
~mantel	kožni kaput
Mantel	ogṛtač, kaput
Morgenrock	kućna hạljina
Pantoffeln	pạpuče *f pl*
Pelz/jacke	kṛzneni kapụtić
~mantel	kṛzneni kaput
Pullover	pulọver
Pyjama	pidžạma
Regenmantel	kišni ogṛtač, kišna kabạnica
Reißverschluß	pạtentni zatvạrač
Rock	suknja
Sakko	sako
Samt	baršun, samt
Sandalen	sandạle *f pl*
Schal	šal
Schirm	kịšobran
Schlüpfer	(ženske) gạćice *f pl*
Schuhe	cịpele *f pl*
Schuh/bänder	vẹzice za cịpele, *(ugs)* pertle *f pl*
~bürste	četka za cịpele
~krem	krema za cịpele
Seide	svila
Socken	kratke čạrape *f pl, (ugs)* sokne *f pl*
Sohle	đon
Sommerkleid	ljetna hạljina
Sporthemd	sportska kọšulja
Stiefel	čizme *f pl*
Strandschuhe	cịpele *f pl* za plažu
Strickjacke	plẹtena vesta
Strümpfe	čạrape *f pl*
Strumpfhose	hula-hup čạrape *f pl*
Taschentuch	mạramica, rupčić
Trainingsanzug	trenịrka
Unter/hemd	pọtkošulja
~hose	gaće *f pl*
~rock	pọdsuknja, kombịne *m*
~wäsche	donje rublje
waschmaschinenfest	smije se prati strojem
Weste	prsluk
Wildleder/jacke	kapụtić od jẹlenje kože
~mantel	kaput od jẹlenje kože
Wolle	vuna
reine Wolle	čista vuna

Wortliste Farben

beige	bež
blau	plav, modar
dunkelblau	tạmnoplav
hellblau	svijẹtloplav
braun	smeđ
dunkelbraun	tạmnosmeđ
kastanienbraun	kẹstenjast
farbig	ọbojen, u boji
einfarbig	jednọbojan
mehrfarbig	višẹbojan
gelb	žut
golden	zlatne boje
grau	siv
dunkelgrau	tạmnosiv
hellgrau	svijẹtlosiv
grün	zelen
dunkelgrün	tạmnozelen
hellgrün	svijẹtlozelen
lila	lila, ljụbičast
orange	nạrančast
rosa	rụžičast
rot	crven
dunkelrot	tạmnocrven
hellrot	svijẹtlocrven
schwarz	crn
silbern	srẹbrnast
violett	ljụbičast
weiß	bijel

Wortliste Schreibwaren

Ansichtskarte	rạzglednica
Autokarte	ạuto-karta
Bleistift	ọlovka
Brief/papier	papir (*Ost* hạrtija) za pismo
~umschlag	ọmotnica, kọverta
Farbstift	ọlovka u boji
Füllfederhalter	naliv-pero
Klebstoff	ljẹpilo
Kohlepapier	ịndigo-papir
Kugelschreiber	kẹmijska ọlovka

Landkarte	geọgrafska karta, mapa
Notiz/block	notes
~buch	bịlježnica
Papier	papir, *(Ost)* hạrtija
Packpapier	papir za pakịranje
Radiergummi	gụmica za brịsanje
Reiseführer	turịstički vodič
Stadtplan	plan grada
Tesafilm	sẹlotejp
Tinte	tinta, *(Ost)* mạstilo
Zeichenblock	blok za cṛtanje

Wortliste Toilettenartikel

Augenbrauenstift	ọlovka za ọbrve
Badesalz	sol *f* za kụpanje
Bürste	četka
Damenbinden	higịjenski ụlošci *m pl*
Deodorant	dezodọrans
Fleckenwasser	tekụćina za čịšćenje mrlja
Haar/bürste	četka za kosu
~festiger	učvršćịvač za kosu
~klammern	kopče za kosu

Haar/spray	lak za kosu
~waschmittel	šampon
Handtuch	ručnik, *(Ost)* peškir
Hautkrem	krema za kožu
Kamm	češalj
Kleiderbürste	četka za ọdjeću
Kölnisch Wasser	kọlonjska voda
Krem	krema
Lidschatten	sjẹnilo za kapke
Lippenstift	ruž
Lockenwickler	uvijạči *m pl*
Mundwasser	voda za usta
Nachtkrem	krema za noć
Nagel/feile	tụrpija za nokte
~lack	lak za nokte
~lackentferner	acẹton
~schere	škạrice *f pl* za nokte
Papiertaschentücher	papịrnate mạramice *f pl*
Parfüm	parfem
Pinzette	pincẹta
Puder	puder
~dose	pudrijẹra
Körperpuder	talk
Rasier/apparat	apạrat za brịjanje
~klinge	žilet, brịtvica
~pinsel	čẹtkica za brịjanje
~seife	sapun za brịjanje
~wasser	losịon za brịjanje
Reinigungskrem	krema za skịdanje šminke
Reisenecessaire	nesesẹr
Schere	škare *f pl, (Ost)* mạkaze *f pl*
Schwamm	spužva
Seife	sapun
Shampoo	šampon
Sonnenöl	ulje za sụnčanje
Spiegel	oglẹdalo
Tampons	tampọni *m pl*
Toilettenpapier	toalẹtni papir
Waschlappen	krpa za pranje
Watte	vata
Wimperntusche	tuš za trẹpavice
Zahn/bürste	četka za zube
~pasta	pasta za zube

Wortliste Nahrungsmittel

Äpfel	jạbuke *f pl*
Apfelsinen	nạranče *f pl*
Aufschnitt	nạrezak
Bananen	banạne *f pl*
Bier	pivo
Birnen	kruškė *f pl*
Brot	kruh, *(Ost)* hleb

Brötchen	zẹmička
belegte Brötchen	sẹndviči *m pl*
Butter	maslac, *(ugs)* putar
Eier	jaja *n pl*
Gurken	krạstavci *m pl*
Hähnchen	pile
Joghurt	jogurt
Kaffee	kava, *(Ost)* kafa
Käse	sir
Kekse	kẹksi *m pl*
Konserven	kọnzerve *f pl*
Kuchen	kolač
Limonade	limunạda
Milch	mlijẹko
Orangensaft	sok od nạranče
Orangeade	oranžạda
Salami	salạma
Salat	salạta
Salz	sol
Schinken	šunka
~ gekocht	kụhana
~ roh	prijẹsna
Schokolade	čokolạda
Senf	slạčica, gorụšica, *(ugs)* senf
Suppe	juha, *(Ost)* supa
Süßigkeiten	slatkịši *m pl*
Tee	čaj
Tomaten	rạjčice *f pl*
Wein	vino
Rotwein	cṛveno vino
Weißwein	bijẹlo vino
Weintrauben	grožđe
Würstchen	hrẹnovke *f pl*
Zitronen	lịmuni *m pl*
Zucker	šećer

13 Beim Friseur
Kod frizera

Damenfriseur	**Frizer za gọspode**
Können Sie mir einen guten Friseur empfehlen?	Mọžete li mi preporụčiti dobrog frizẹra?
Kann ich mich für morgen anmelden?	Mogu li se prijạviti za sutra?
● Wie hätten Sie gern Ihr Haar?	Kakvu frizụru žẹlite?
Waschen und legen, bitte.	Molim pranje i čẹšljanje.
Waschen und fönen, bitte.	Molim pranje i fen-frizụru.
Ich möchte eine Dauerwelle.	Htjela bih trajnu ondulạciju.
Ich möchte mir die Haare färben/tönen lassen.	Htjela bih bọjenje kose/preliv u boji.

Schneiden, bitte.	Molim šịšanje.
Etwas kürzer.	Malo kraće.
Nur die Spitzen.	Samo vṛškove.
An den Seiten.	Sa strane.
Bitte etwas toupieren.	Molim Vas tạpirajte malo.
Bitte kein/nur wenig Haarspray.	Molim Vas bez laka/samo malo laka.
Können Sie mir Maniküre machen?	Molim manikịranje.
Vielen Dank. So ist es gut.	Hvala lijẹpa. U redu je.

Herrenfriseur — **Frizer za gospọdu**

Haareschneiden (und Rasieren), bitte.	Šịšanje (i brịjanje), molim.
Lassen Sie es bitte lang.	Ọstavite dụgačko, molim.
Nicht zu kurz/Ganz kurz, bitte.	Ne prẹkratko/Sasvim kratko, molim.
Hinten / Vorn / Oben / An den Seiten etwas wegnehmen.	Skrạtite malo straga. / sprijẹda. / gore. / sa strane.
Einen Messerschnitt, bitte.	Molim šịšanje britvom.
Nehmen Sie hier bitte noch etwas mehr weg.	Molim Vas skrạtite ovdje još malo.

Den Scheitel, links/ rechts, bitte.	Rạzdjeljak nạlijevo/nạdesno, molim.
Ja danke, es ist gut so.	Hvala, u redu je.
Wieviel macht es?	Kọliko stoji/(*ugs*) košta?

Wortliste Friseur

Bart	brada
bleichen	bijẹliti
Dauerwelle	trajna ondulạcija
färben	obọjiti
frisieren, sich	frizịrati se
Frisur	frizụra
Haar	kosa
~schnitt	oblik frizụre
~spray	lak za kosu
~teil	ụmetak
~wasser	losịon za kosu
kämmen	čẹšljati
Koteletten	zạlisci *m pl*
legen	počẹšljati
Locken	ụvojci *m pl*
Maniküre	manikịranje
Massage	masạža
Messerschnitt	šịšanje britvom
Nacken	zạtiljak
Perücke	pẹrika
sich rasieren lassen	dati se obrịjati
Scheitel	rạzdjeljak
schneiden	ọdrezati
Schnurrbart	bṛkovi *m pl*
stutzen	potkrẹsati, fazonịrati
tönen	načịniti preliv u boji
toupieren	tapịrati
Trockenhaube	hạuba za sụšenje
waschen und fönen	ọprati i načịniti fen-frizụru
waschen und legen	ọprati i počẹšljati
Wasserwelle	vọdena ondulạcija

PLIVA
LIJEKOVI

14 Krankheit
Bolest

In der Apotheke	U apotẹci/ljẹkarni
Wo ist die nächste Apotheke (mit Nachtdienst)?	Gdje je nạjbliža apotẹka/ ljẹkarna (s noćnom službom)?
Ich möchte ...	Htio (Htjela *f*) bih ...
Geben Sie mir bitte etwas gegen ...	Molim Vas nešto protiv ...
Dieses Mittel ist rezeptpflichtig.	Za ovaj lijek je pọtreban recept.
Kann ich darauf warten?	Mogu li prịčekati?
Wann kann ich es abholen?	Kada mogu doći po to?

Beim Arzt	Kod lịječnika
Können Sie mir einen guten ... empfehlen?	Mọžete li mi preporụčiti dobrog ...?
Arzt	lịječnika
Augenarzt	lịječnika za oči/okụlist
Frauenarzt	lịječnika za ženske bọlesti/ginekọloga
Hals-Nasen-Ohren-Arzt	lịječnika za grlo, nos i uho/otorino-laringọloga
Hautarzt	lịječnika za kožne bọlesti/dermatọloga
Internisten	lịječnika za ụnutarnje bọlesti/intẹrnistu
Kinderarzt	lịječnika za dječje bọlesti/pedijạtra
Nervenarzt	lịječnika za žịvčane bọlesti/neurọloga
Praktischen Arzt	lịječnika opće prakse
Urologen	urọloga
Zahnarzt	zubnog lịječnika
Wo ist seine Praxis?	Gdje je njẹgova ordinạcija?
Wann hat er Sprechstunde?	Kada ordịnira?
Ich fühle mich nicht wohl.	Ne ọsjećam se dobro.
Ich bin stark erkältet.	Jako sam prẹhladen/a *f.*
Ich habe hier Schmerzen.	Ovdje me boli.
Ich habe mich verletzt.	Ozlijẹdio (Ozlijẹdila *f*) sam se.
Ich bin gestochen/gebissen worden.	Nešto me je ụbolo/ụjelo.
Ich habe mir den Magen verdorben.	Pokvạrio (Pokvạrila *f*) sam žẹludac.
Ich habe keinen Appetit.	Nemam apetịta.
Ich habe Durchfall/Verstopfung.	Imam proljev/zatvor.
Ich vertrage das Essen/die Hitze nicht.	Ne pọdnosim jelo/vrućịnu.

Mir ist oft schlecht/schwindelig.	Često mi je zlo/me hvata nẹsvjestica.
Ich kann nicht schlafen.	Ne mogu spạvati.
Ich kann den Arm/das Bein nicht bewegen.	Ne mogu mịcati rukom/nogom.
Ich bin gestürzt.	Pao (Pala *f*) sam.
Das Bein ist geschwollen.	Noga je otẹčena.
Ich glaube, ich habe mir den Fuß gebrochen/verstaucht.	Mislim da sam slọmio/ugạnuo (slọmila/ugạnula *f*) nogu.
Ich habe	
Kopfschmerzen.	Boli me glava.
Halsschmerzen.	Boli me grlo.
Husten.	Kašljem.
Können Sie mir bitte etwas geben/verschreiben?	Molim Vas mọžete li mi nešto dati/prepịsati?
Ich bin Diabetiker.	Ja sam diabẹtičar.
Ich erwarte ein Baby.	Očẹkujem bebu.
Können Sie mir bitte ein ärztliches Attest ausstellen?	Molim Vas mọžete li mi dati liječničku pọtvrdu?
Was für Beschwerden haben Sie?	Kakve tegọbe ọsjećate?
Wo tut es weh?	Gdje Vas boli?
Machen Sie sich bitte frei.	Izvọlite se svući.
Tut es hier weh?	Da li ovdje boli?
Atmen Sie tief. Atem anhalten, bitte.	Dịšite dobọko. Zadržite dịsanje, molim.
Öffnen Sie den Mund.	Otvọrite usta.
Zeigen Sie die Zunge.	Pokạžite jezik.
Husten, bitte.	Kạšljite, molim.
Wie lange fühlen Sie sich schon so?	Kọliko se dugo već ọsjećate tako?

● Wie ist Ihr Schlaf?	Kako spạvate?
● Haben Sie Appetit?	Ịmate li apẹtit?
● Sie müssen geröntgt werden.	Mọramo Vas rẹndgenski prẹgledati.
● Ich muß Sie an einen Facharzt überweisen.	Moram Vas pọslati specijạlisti.
● Sie müssen operiert werden.	Morat ćete na operạciju.
● Sie brauchen ein paar Tage Bettruhe.	Treba da lẹžite nẹkoliko dana.
● Sie dürfen nicht soviel rauchen/trinken.	Nẹ smijete tọliko pụšiti/piti.
● Es ist nichts Ernstes.	Nije ništa ọzbiljno.
● Ich werde Ihnen etwas verschreiben.	Nešto ću Vam prepịsati.
● Nehmen Sie dreimal täglich 1 Tablette/15 Tropfen vor/nach dem Essen.	Ụzimajte triput dnevno po jednu tablẹtu/15 kạpljica prije/ pọslije jela.
● Nehmen Sie eine Tablette vor dem Schlafengehen.	Ụzimajte po jednu tạbletu prije spạvanja.

Im Krankenhaus / U bọlnici

Schwester, verständigen Sie bitte meine Familie. Hier ist die Anschrift.	Sestro, molim Vas obavijẹstite moju obịtelj. Izvọlite adrẹsu.
Wie lange muß ich hier bleiben?	Kọliko moram ọstati ovdje?
Ich kann nicht einschlafen. Geben Sie mir bitte eine Schmerztablette/ Schlaftablette.	Ne mogu zạspati. Molim Vas jednu tạbletu protiv bọlova/za spạvanje.
Wann darf ich aufstehen/ausgehen?	Kada ću smjeti ụstati/ịzlaziti?

Geben Sie mir bitte eine Bescheinigung über die Dauer des Krankenhausaufenthalts mit Diagnose.	Molim Vas pọtvrdu o duljịni bọravka u bọlnici i dijagnọzu.

Beim Zahnarzt	**Kod zubạra**
Ich habe (starke) Zahnschmerzen.	Imam (jaku) zubọbolju.
Dieser Zahn (oben/unten/vorn/hinten) tut weh.	Boli me ovaj zub (gore/dolje/sprijẹda/straga).
Ich habe eine Füllung verloren.	Ịspala mi je plomba.
Mir ist ein Zahn abgebrochen.	Slọmio (Slọmila *f*) sam zub.
Können Sie ihn plombieren?	Mọžete li ga plombịrati?
● Ich muß ihn ziehen.	Moram ga ịzvaditi.
● Dieser Zahn muß eine Krone bekommen.	Na ovaj zub mora doći kruna.
● Ich behandle ihn nur provisorisch.	Pọpravit ću ga samo prọvizorno.
● Bitte gut spülen.	Izvọlite dobro ịsprati.
Können Sie diese Prothese reparieren?	Mọžete li pọpraviti ovu protẹzu?
● Kommen Sie in zwei Tagen bitte nochmal zum Nachsehen.	Izvọlite doći za dva dana zbog kontrọle.
● Suchen Sie dann zu Hause gleich Ihren Zahnarzt auf.	Jạvite se kod kuće odmah svojem zubạru.

Wortliste Krankheiten

Abszeß	čir
Ader	žila
Allergie	alẹrgija
Anfall	napad
ansteckend	zạrazan
Ansteckung	zạraza
Appetitlosigkeit	nedostạtak apetịta
Arm	ruka
Asthma	astma
Atembeschwerden	teškọće pri dịsanju
atmen	dịsati
Augen	oči *f pl*
~entzündung	ụpala ọčiju
Ausschlag	osip
Bauch	trbuh
Behandlung, ärztliche	lijẹčenje
Bein	noga
Besuchszeit	vrijẹme pọsjeta
Blähungen	vjẹtrovi *m pl*, nadịmanje
Blase	mjehur
Blinddarm	slijẹpo crijẹvo
~entzündung	ụpala slijẹpog crijẹva
Blut	krv *f*
Blutdruck	krvni prịtisak
bluten	krvạriti
Blut/probe	prẹtraga krvi
~transfusion	trạnsfuzija krvi
~ung	krvạrenje
~vergiftung	otrọvanje krvi
Brechreiz	pọdražaj na pọvraćanje
Bruch	prijẹlom
Brust	prsa *n pl*
~korb	prsni koš
Chirurg	kirurg, *(Ost)* hirurg
Cholera	kọlera
Darm	crijẹvo
desinfizieren	rạskužiti
Diagnose	dijagnọza
Diät	dijẹta
Diphtherie	dịfterija
Drüse	žlijẹzda
Durchfall	proljev
durchleuchten	rẹndgenski prẹgledati

Eiter	gnoj
eitern	gnọjiti se
Ellbogen	lakat
Entzündung	ụpala
erbrechen, sich	pọvraćati
erkälten, sich	prehlạdịti se
Erkältung	prẹhlada
Facharzt	liječnik-specijạlist
Ferse	peta
Fieber	grọznica, temperatụra
Finger	prst
Füllung (Zahn)	plomba
Fuß	stọpalo
Gallenblase	žučni mjehur
gebrochen	slomljen
Gehirn	mozak
~erschütterung	potres mozga
~schlag	mọždana kap *f*
Gehör	sluh
Gelbsucht	žụtica
Gelenk	zglob
Handgelenk	ručni zglob
Geschlechtskrankheit	spọlna bolest *f*
geschwollen	ọtekao, nadụven
Geschwulst	ọteklina, tumor
Geschwür	čir
Gesicht	lice
Glieder	ụdovi *m pl*
Grippe	gripa
Hals	vrat; *(Kehle)* grlo
~schmerzen	grlọbolja
Haut	koža
~krankheit	kožna bolest *f*
heiser sein	biti prọmukao
Herz	srce
~anfall	sṛčani napad
~fehler	sṛčana greška
~infarkt	sṛčani infarkt
~klopfen	lụpanje srca
~spezialist	specijạlist za srce, kardiọlog
Heuschnupfen	pẹludna hụnjavica
Höhensonne	kvarc-lampa
Hüfte	kuk
Hühnerauge	kurje oko

Husten	kašalj
impfen	cijẹpiti
Infektion	infẹkcija
Ischias	ịšijas
Karies	kạrijes
Keuchhusten	hrịpavac
Kiefer	čeljust *f*
Kinderlähmung	dječja paralịza
Knie	kọljeno
Knöchel	gležanj
Knochen	kost *f*
~bruch	prijẹlom kosti
Kopf	glava
~schmerzen	glavọbolja
Krampf	grč
krank	bọlestan
Krankenschwester	bọlničarka, medịcinska sestra
Krankheit	bolest *f*
Krebs	rak
Kreislaufstörung	smetnje *f pl* kṛvotoka
Krone	kruna
Kurzsichtigkeit	kratkọvidost *f*
Lähmung	paralịza
Lebensmittelvergiftung	otrọvanje hranom
Leber	jetra
Lunge	pluća *n pl*
Lungenentzündung	ụpala pluća
Magen	žẹludac, *(Ost)* stomak
~schmerzen	bọlovi u žẹlucu
Mandelentzündung	ụpala krạjnika
Mandeln	krạjnici *m pl*
Masern	ọspice *f pl*
Menstruation	menstruạcija
Migräne	mịgrena
Mittelohrentzündung	ụpala srednjeg uha
Mumps	zạušnjaci *m pl*
Mund	usta
Muskel	mišić
Nachtschwester	dẹžurna sestra
Narkose	narkọza
Nase	nos
Nasenbluten	krvạrenje iz nosa
Nerven	živci *m pl*, nervi *m pl*
nervös	živčan, nẹrvozan

Niere	bubreg
Nierenentzündung	ụpala bụbrega
Ohnmacht	nẹsvijest
in ~ fallen	pasti ụ nesvijest
Ohr	uho
Operation	operạcija
Plombe	plomba
Pocken	vẹlike bọginje *f pl*
Puls	bilo, puls
Quetschung	zgnječẹnje
Rezept	recept
Rheuma	rẹuma
Rippe	rebro
Röntgenaufnahme	rẹndgenski snimak
Röteln	rubeọla
Rücken	leđa *n pl*
Rückgrat	kičma, hrptẹnica
Schädel	lụbanja
Scharlach	šarlah
Schenkel	stegno, bedro
Schiene	ụloga
Schlaflosigkeit	bẹsanica
Schlaganfall	kap
Schlüsselbein	ključna kost *f*
Schmerzen	bọlovi *m pl*
Schnittwunde	posjẹkotina
Schnupfen	hụnjavica, kịjavica
Schulter	rame
Schüttelfrost	dṛhtavica
Schwangerschaft	trudnọća
Schweiß	znoj
Schwellung	ọteklina
Schwindel	vrtọglavica
schwitzen	znọjiti se
Sehnenzerrung	rastegnụće tẹtiva
Seitenstechen	prọbadi *m pl*
Sonnen/brand	ọpekline *f pl* od sunca
~stich	sunčạnica
Spritze	injẹkcija
Station	odjel
Stich	ubod
Stirnhöhlenentzündung	ụpala sịnusa
Stuhlgang	stọlica
Tetanus	tẹtanus

Trommelfell	bubnjić
Typhus	tifus
Übelkeit	mučnịna
Unterleib	trbuh
Untersuchung	pregled
Urin	mọkraća
verbinden	prẹviti
Verbrennung	ọpeklina
Verdauung	prọbava
Verdauungsstörung	prọbavne smetnje *f pl*
Vergiftung	otrọvanje
verletzen	ozlijẹditi
Verletzung	ọzljeda
Verordnung	recept
Verrenkung	iščašẹnje
verschreiben	prepịsati (lijek)
verstaucht	ụganut
Verstopfung	zatvor, tvrda stọlica
weh tun	bọljeti
Windpocken	vọdene kọzice *f pl*
Wirbelsäule	kičma, hrptẹnica
Wunde	rana
Zahn	zub
~fleisch	desni *f pl*
~schmerzen	zubọbolja
Zehe	nožni prst
ziehen (Zahn)	ịzvaditi
Zuckerkrankheit	šẹćerna bolest *f*
Zunge	jezik

Wortliste Medikamente

Abführmittel	sredstvo za čịšćenje
Alkohol	ạlkohol
Antibabypillen	kontracẹpcijska pịlula
Aspirin	aspịrin
Augentropfen	kạpljice za oči
äußerlich	ịzvana, spolja
Beruhigungsmittel	sredstvo za umirẹnje
Binde	zavoj
Brandsalbe	mast *f* protiv ọpeklina
Damenbinden	higịjenski ụlošci *m pl*

Desinfektionsmittel	sredstvo za raskužịvanje
Einreibemittel	sredstvo za tṛljanje
Elastikbinde	elạstični zavoj
vor dem Essen	prije jela
nach dem Essen	pọslije jela
Fieberthermometer	tọplomjer
Gegengift	protuọtrov
Glyzerin	glicẹrin
Gurgelwasser	voda za grgljạnje
Heftpflaster	flaster
Hustensaft	sirup protiv kašlja
innerlich	za ụnutarnju ụpotrebu
Insektenmittel	sredstvo protiv ịnsekata
Jod(tinktur)	jod-tinktụra
Kamillentee	čaj od kamịlice
Kopfschmerztabletten	tablẹte protiv glavọbolje
Kreislaufmittel	sredstvo za kṛvotok
auf nüchternen Magen	nạtašte
Magentropfen	kạpljice *f pl* za žẹludac
Mittel	sredstvo, lijek
Mullbinde	gaza
Ohrentropfen	kạpljice *f pl* za uši
Pfefferminze	mẹtvica
Pflaster	flaster
Pillen	pịlule *f pl*
Präservativ	prezervạtiv
Puder	puder
Salbe	mast *f*
Schlaftabletten	tablẹte *f pl* za spạvanje
Schmerztabletten	tablẹte *f pl* protiv bọlova
Schnellverband	zavoj za prvu pomoć
Tablette	tablẹta
Traubenzucker	grọžđani šećer
Tropfen	kạpljice *f pl*
Verbandszeug	zạvojni pribor
Vitamintabletten	vitạminske tablẹte *f pl*
Watte	vata
Zäpfchen	čẹpići *m pl*

Wörterbuch Serbokroatisch – Deutsch

A

adrẹsa Adresse, Anschrift
adresịrati adressieren
advọkat Anwalt
agẹncija Agentur; **pụtnička agẹncija** Reisebüro
ako falls, wenn
ạktovka (Akten-)Mappe
alat Werkzeug
ali aber
ambasạda *(dipl. Vertretung)* Botschaft
apạrat za brịjanje Rasierapparat
apạrat za gạšenje pọžara Feuerlöscher
artikl *(Ware)* Artikel
Ạustrija Österreich
Austrijạnac, Austrịjanka Österreicher/in
ạuto *m* Auto; **vọziti ạuto** Auto fahren
autọbus Bus, Omnibus
autọbusna stạnica Bushaltestelle
autọmat *(Waren)* Automat
autọmatski automatisch

B

bạciti werfen
Badnje veče Weihnachtsabend
baka Großmutter
Balkan Balkan
banka *(Geldinstitut)* Bank
barem wenigstens
baršun Samt
Bẹlgija Belgien
Belgijạnac, Belgịjanka Belgier/in
benzin Benzin; **pụniti benzịnom** tanken
bẹnzinska stạnica Tankstelle
bẹskoristan nutzlos
bẹsmislen zwecklos
bẹsplatan frei, kostenlos
bẹsplatno gratis, umsonst
bez *gen* ohne
bezọbrazan unverschämt
bẹzobziran rücksichtslos
bẹzvrijedan wertlos
bicịkl Fahrrad
bijel weiß
bijes Wut
bijẹsan wütend
bilo što irgend etwas
bịlježnica Heft
biljka Pflanze
bịoskop *(Ost)* Kino
bịrati *(auch Politik, tele)* wählen
bịrtija *(ugs)* Kneipe
bịti sein; **biti nạviknut** gewohnt sein; **biti ọdlučan** entschlossen sein; **biti protiv** dagegen sein; **biti tu** dasein; **biti za** dafür sein
blag mild; *(Ton, Farbe)* weich
blạgajna Kasse
blagonạklon wohlwollend
blagovaọnica Speisesaal
blato Schlamm, Schmutz
blic *(Foto)* Blitz
blijed bleich
blịstati glänzen
blistav glänzend
blizak nahe
blizịna Nähe
blizu *gen* nahe bei
boca Flasche
bog Gott
bogat reich
bogạtstvo Reichtum
boja Farbe; **stalne boje** waschecht; **u boji** farbig
bọjati se befürchten; s. fürchten (*gen* vor)

bol Schmerz
bolan schmerzhaft
bolest *f* Krankheit
bọlestan krank
bọlnica Krankenhaus
bọlničarka Krankenschwester
bolje od besser als
bọljeti schmerzen, weh tun
bolji besser
bon Gutschein
bọravak Aufenthalt
bọraviti s. aufhalten
Bosna i Hẹrcegovina Bosnien und Herzegowina
bosti stechen
Božić Weihnachten
bračni par Ehepaar
brak Ehe
brạniti verteidigen
brat Bruder
brati pflücken
bratić Cousin
brava *(Tür)* Schloß
bravar Schlosser
brdo Berg
brežụljak Hügel
briga Sorge
brịnuti se za *acc* s. sorgen um
brịžljiv sorgfältig
brịžljivost *f* Sorgfalt
brod Schiff
broj Anzahl, Nummer, Zahl
brọjiti zählen
brz schnell
brzịna *(Auto)* Gang; Geschwindigkeit, Schnelligkeit
bṛzojav Telegramm
brzojạviti telegrafieren
budan wach
bụdilica Wecker
bụditi wecken
bụdući zukünftig
budụćnost *f* Zukunft
buka Lärm
buket (Blumen-)Strauß
bunar Brunnen
bụniti se protestieren
bura Sturm

C

cạrina Zoll
cạrinarnica Zollamt
cạrinik Zollbeamter
cạrinske dạžbine *f pl* Zollgebühren
centar Zentrum
cẹntralan zentral
cesta Landstraße
cigạra Zigarre
cigarẹta Zigarette
cijẹna Preis
cijev *f* Rohr
cilj Ziel
cịpela Schuh
cjelịna das Ganze
cjẹnkati se feilschen, handeln
crkva Kirche; **stolna crkva** Dom
crn schwarz
Crna Gora Montenegro
Crnọgorac, Crnọgorka Montenegriner/in
crta Linie
cṛtati zeichnen
crven rot
cvasti blühen
cvijet Blume

Č

čačkalica Zahnstocher
čaj Tee
čak sogar
čamac Boot; Kahn; **mọtorni čamac** Motorboot
čạroban bezaubernd

čas *(Ost)* Stunde
časna sestra (Ordens-)Schwester
čạsopis Zeitschrift, Illustrierte
čast *f* Ehre
čaša (Trink-)Glas
čạvao Nagel
čavlić Reißnagel
čedo Kind
ček Scheck
čekaọnica Wartesaal
čẹkati warten
čekić Hammer
čemu wozu
čestit *(Mensch)* ordentlich
čestịtati gratulieren
čẹstitke *f pl* Glückwünsche
često *adv* häufig, oft
četka Bürste; **četka za cịpele** Schuhbürste; **četka za ọdjeću** Kleiderbürste
čẹtkati bürsten
čẹtkica za zube Zahnbürste
četṛnaest dana vierzehn Tage
četverọkutan viereckig
četvrt ein Viertel; **gradska četvrt** *f* Stadtteil; **četvrt sata** eine Viertelstunde
četvṛtina ein Viertel
čin Tat
čịniti tun; **čịniti se** scheinen
čịnjenica Tatsache
čịoda *(Ost)* Stecknadel
čipka *(Gewebe)* Spitze
čist *(Wäsche)* frisch, sauber
čistiọnica *(Geschäft)* Reinigung
čịstiti putzen, reinigen
čịtati lesen
čitav *adj* ganz
čivịluk *(Ost)* (Kleider-) Haken
članak *(Zeitung)* Artikel
čovjek Mensch
čudan *(seltsam)* eigen
čụditi se *(dat)* s. wundern (über)
čuti hören
čuvar *(Wächter)* Aufseher
čụvati se (od *gen*) s. hüten (vor)
čvor Knoten
čvrst *(hart)* fest

D

da daß; ja; **da li** ob
dakle also
dalek *(Weg)* weit
dama Dame
dan Tag; **svaki dan** alle Tage; **četṛnaest dana** vierzehn Tage; **radnim danom** werktags, wochentags
danas heute
danju bei Tag
dạpače sogar
dati geben; **dati nạpraviti** machen lassen; **dati podạtke** Angaben machen; **dati prịznanicu** quittieren
datum Datum; **datum rođẹnja** Geburtsdatum
dạžbine *f pl* Gebühren
dẹbeo dick, stark
dẹbljati *(dicker werden)* zunehmen
deka *(ugs)* (Bett-)Decke
deponịrati hinterlegen
desni, desna, desno rechte, rechter, rechtes
desno rechts
devize *f pl* Devisen
dijẹliti s kim mit jdm teilen
dijẹte Kind
dim Rauch
dio *m* Teil; **dio grada** Stadtteil
dịrektor Direktor
divan entzückend, prächtig
divljač *f* Wild
divlji wild
dịzalo Fahrstuhl, Lift
dịzati heben
djed Großvater
djẹlatnost *f* Tätigkeit
djelo Tat, Werk
djẹlotvoran wirksam
djẹlovanje Wirkung
djẹvojka Mädchen
dnevna soba Wohnzimmer
dnẹvnice *f pl* Spesen
dnevno *adv* täglich
do bis
dob *f* Alter
dobar *adj* gut

?

dọbavljati liefern
dọbije se ist erhältlich
dobit *f* Gewinn
dọbiti bekommen; gewinnen; **dọbiti natrag** wiederbekommen
dobro *adv* gut; *n* Wohl
dobrodọšao willkommen
dọčekati empfangen
doći kommen; **doći po** abholen
dọdati hinzufügen
dodir Berührung, Kontakt
dodịrnuti berühren
dọgađaj Ereignis, Fall, Vorfall
dogọditi se s. ereignen, geschehen, passieren; **što se dogọdilo?** was ist geschehen?
dọgovor Verabredung
dogovọriti se s. verabreden
dojam Eindruck
dok solange als, während
dokaz Beweis; Zeichen
dokạzati beweisen
doktor Doktor
dokụment Dokument
dọlazak Ankunft
dolịna Tal
dolje unten; **tamo dolje** dort unten
dom Haus; Heim
dọmovina Vaterland
dọnijeti (her)bringen, mitbringen
donje rublje Unterwäsche
dọpirati s. erstrecken, reichen
dopisịvanje Briefwechsel
dọpisnica Postkarte
dọplata Zuschlag *(zum Fahrpreis)*
dopọdne Vormittag
dopust Urlaub
dọpušten zulässig
dopụstiti erlauben; gewähren; lassen, zulassen
dọručak Frühstück
dọsad(a) bis jetzt
dọsadan langweilig
dosađịvati belästigen
dosẹgnuti erreichen
dosta genug
dọstajati (aus)reichen
dọtičan betreffend
doznạčiti überweisen
dọznaka Überweisung
dọznati erfahren
dọzvola Erlaubnis
dozvọliti erlauben
drag lieb
dragụljar Juwelier
drama Schauspiel, Drama
drugdje anderswo
drugi der andere, der zweite; **jedan drugoga** einander; **drugi put** ein andermal
drugo zweitens
drụkčiji *adj* anders
društvo Verein
drvo Baum; Holz
držak (Hand-)Griff
dṛžati (fest)halten
dṛžava Staat
dṛžavljanstvo Staatsangehörigkeit
dubok tief
dućan Laden
dug (1) lang
dug (2) *(Geld)* Schuld
dụgačak lang
dugme Knopf
dugọvati schulden
duhan Tabak
Dụhovi *m pl* Pfingsten
duhọvit geistreich
duljịna Länge
dužnost *f* Pflicht
dvaput zweimal
dvorac *(Gebäude)* Schloß
dvorạna Saal
dvọrište Hof
dvostruk doppelt

DŽ

džep Tasche; **džepna lampa** Taschenlampe
džepar Taschendieb
džepạrac Taschengeld

E

ekịpa *(Sport)* Mannschaft
ekser *(ugs)* Nagel
emịsija *(Radio, Fernsehen)* Sendung
Ẹngleska England
ẹngleski englisch
Ẹnglez, Ẹngleskinja Engländer/in
ẹventualno *adv* eventuell
Evrọpa Europa
Evrọpljanin, Evrọpljanka Europäer/in
ẹvropski europäisch

F

fạbrika *(Ost)* Fabrik
fạliti *(ugs)* fehlen
feder *(ugs) (elastisch)* Feder
fẹrije *f pl* Ferien
filijạla Filiale
film *(Photo, Kino)* Film
fin vornehm, fein
firma Firma
flaša Flasche
fleš *(Foto)* Blitz
formụlar Formular
foto-apạrat (Foto-)Apparat
fotografịrati fotografieren
Frạncuska Frankreich
frạncuski französisch
Frạncuskinja Französin
Francuz Franzose
frankịrati frankieren
frizer Friseur
fudbal *(Ost)* Fußball
funkcionịrati funktionieren
funta *(Gewicht)* Pfund

G

gạđati schießen
gạlerija Galerie
garạncija Garantie, Sicherheit
garạža Garage
garderọba Gepäckaufbewahrung
gạsiti löschen; **gạsiti se** *(Licht)* ausgehen
gat Mole
gdje wo
glạčalo Bügeleisen
glạčati bügeln
glad *f/m* Hunger
gladan hungrig
glas Stimme
glasan laut; **glasno govọriti** laut sprechen
glava Kopf
glavni *adj* hauptsächlich, Haupt ...; **glavna sezọna** Hochsaison; **glavna ụlica** Hauptstraße; **glavni kọlodvor/glavna žẹljeznička stạnica** *(Ost)* Hauptbahnhof; **glavni grad** Hauptstadt
glavọbolja Kopfschmerzen
glazba Musik
glẹdalac Zuschauer
glẹdati schauen; sehen; zuschauen
glịnena roba Tonwaren
globa Geldstrafe
glup blöd(e), dumm
gọdina Jahr; **Nova gọdina** Neujahr
gọdišnji *adj* jährlich; **gọdišnje doba** *n* Jahreszeit

golf Golf
gọmila eine Menge
gorak bitter
gore oben; **tamo gore** dort oben
gori schlimmer
gọrjeti brennen
gorski Berg ..., Gebirgs ...
gọspođa Dame; *(Anrede, vor Namen)* Frau
gọspođica Fräulein
gospọdin Herr
gost Gast
gostiọnica Gasthaus, ~hof
gostiọničar Gastwirt, Wirt
gostoljụbivost *f* Gastfreundschaft
gotov *(vollständig)* fertig
gotovịna Bargeld; **plạtiti u gọtovu** bar zahlen
govọriti reden, sprechen; **govọriti glasno/tiho** laut/leise sprechen
grad Stadt; **glavni grad** Hauptstadt; **dio grada** *m* Stadtteil; **plan grada** Stadtplan; **gradska četvrt** *f* Stadtteil
grạditi bauen
gramọfon Plattenspieler; **gramọfonska ploča** Schallplatte
grạnica Grenze
grịjati heizen, wärmen
grlo *(Kehle)* Hals
groblje Friedhof
grọznica Fieber
grožđe Trauben
grupa Gruppe
gubịtak Verlust
guma Gummi
gumb Knopf
gụrati stoßen
gust *(Nebel)* dicht
gutljaj Schluck
gvožđe *(Ost)* Eisen

H

hạljina Kleid
hạrtija *(Ost)* Papier
hịljada tausend
hịstorija Geschichte
hitac Schuß
hitan dringend, eilig
hlače *f pl* Hose
hladan kalt, kühl
hleb *(Ost)* Brot
họdati *(zu Fuß)* gehen
hodnik Flur, Gang
honọrar Honorar
hotel Hotel
hrana Nahrung
hranjiv nahrhaft
hrpa Stapel, Stoß
Hṛvat Kroate
Hrvạtica Kroatin
Hṛvatska Kroatien
hṛvatski kroatisch
htjeti wollen
hvala bogu! Gott sei Dank!
hvạliti loben
hvạtati fangen

I

i, a und; **i tako dalje** und so weiter
ići gehen
idẹja Idee
ịdući nächste
ịgla Nadel
igra Spiel
ịgračka Spielzeug
ịgralište Spielplatz; **sportsko ịgralište** Sportplatz; **tẹnisko ịgralište** Tennisplatz; **ịgralište za golf** Golfplatz

ịgrati (se) spielen
ịgrokaz *(Theater)* Schauspiel
ịkada jemals
ili oder; **ili . . . ili** entweder . . . oder
ima es gibt
imạnje Landgut
ịmati besitzen, haben
ime Name, Vorname
ịmenik Namenverzeichnis
ịmućan wohlhabend
ịnače sonst
incịdent Zwischenfall
informạcija Auskunft
informạcije *f pl* Auskunftsstelle
informịrati se Auskunft einholen
ịnostran *(Ost)* ausländisch
inostrạnstvo *(Ost)* Ausland
inọzemski ausländisch
inozẹmstvo Ausland
instịtut Institut
ipak doch, jedoch
ịscrpen erschöpft
isẹliti se *(Wohnung verlassen)* ausziehen
ịshrana Verpflegung
ịsključeno ausgeschlossen
iskra Funke
ịskusan *adj* erfahren
iskụstvo Erfahrung
ispit Prüfung
ispịtati prüfen
ispod *gen* unter; unterhalb
ịspravan korrekt; richtig
ịspraviti richtigstellen; *(Fehler)* verbessern
ispred *gen (räumlich)* vor
isprịčati se s. entschuldigen
ịsprika Entschuldigung
ịspuniti *(Formular)* ausfüllen
isti derselbe
ịstina Wahrheit
ịstinit wahr
isto dasselbe; **isto tako . . . kao i** genauso . . . wie
istok Osten
istọvariti abladen
istọvremen *adv* gleichzeitig
išta irgend etwas
Ịtalija Italien
Italịjan, Italịjanka *(Ost)* Italiener/in
italịjanski *(Ost)* italienisch
iz *gen (Herkunft)* aus; **iz Beọgrada** aus Belgrad
izạbrati aussuchen
ịzaći hinausgehen; ausgehen; *(Buch)* erscheinen
izbịjati *(Uhr)* schlagen
ịzbjeći vermeiden
izbor Auswahl
ịzbori *m pl* Wahlen
izdạci *m pl* Ausgaben
izgled Aussicht
izglẹdati aussehen
izgọrjeti verbrennen
ịzgovor Aussprache; Vorwand
izgovọriti aussprechen; **izgovọriti slovo po slovo** buchstabieren
izgụbiti verlieren
izjạviti angeben, erklären
izlaz Ausgang
izlazak sunca Sonnenaufgang
ịzlaziti *(Straße)* (ein)münden
izlet Ausflug, Tour
izlog Schaufenster
ịzložba Ausstellung
ịzmeđu *gen* zwischen, unter; **ịzmeđu ọstalog** unter anderem
izmijẹniti austauschen
iznạjmiti mieten; vermieten
ịznenadan plötzlich
iznẹnađen überrascht
ịznimka Ausnahme
ịzraditi anfertigen; **ručno ịzrađen** handgemacht
ịzravan direkt
izraz Ausdruck
ịzrazit ausdrücklich
izụmjeti erfinden
izvan *gen* außer
ịzvana von außen
izvijẹstiti *(berichten)* melden
izvịniti (se) *(Ost)* (s.) entschuldigen; **izvịnite molim** entschuldigen Sie bitte
izvinjẹnje *(Ost)* Entschuldigung
ịzvjestan *adj* gewiß
ịzvještaj Bericht; **ịzvještaj o vrẹmenu** Wetterbericht
izvọli(te) bitte
izvoz Ausfuhr
izvrạtiti *(Geld)* herausgeben

J

ja ich
jạbuka Apfel
Jadran Adria
jạgodica Fingerspitze
jaje Ei
jak stark
jasan deutlich; klar
jastuk Kissen, Kopfkissen
javan öffentlich
jạviti melden
javljač pọžara Feuermelder
javnost *f* Öffentlichkeit
jedan eins; **jedan drugoga** einander; **jedan i po(l)** anderthalb; **jedạnput** einmal
jẹdini einzig
jedịnstven einzigartig
jednak *adj* gleich; **jẹdnako vrijẹdan** gleichwertig
jẹdnostavan einfach
jedva kaum
jeftin billig
jelo Essen; Gang; Gericht; **pri jelu** beim Essen
jẹlovnik Speisekarte
jer denn, weil
jesen *f* Herbst
jest ja
jesti essen
jestiv eßbar
jẹzero *(Binnengewässer)* See
jezik Sprache; Zunge
još noch; **još jednom** *(noch einmal)* wieder; **još ne** noch nicht
juče(r) gestern
jug Süden
Jugoslạven Jugoslawe
Jugoslạvenka Jugoslawin
jugoslạvenski jugoslawisch
Jugọslavija Jugoslawien
jutro Morgen
juvẹlir Juwelier
južni südlich; **južno od** *gen* südlich von

K

k(a) *dat (Richtung)* zu
kabạnica Mantel
kabịna Kabine; **telẹfonska kabịna** Telefonzelle
kad(a) *(zeitlich)* als; wenn; wann
kafa *(Ost)* Kaffee
kafạna *(Ost)* Café
kakav, kakva, kakvo . . .? was für ein/eine . . .?; **kakva šteta!** wie schade!
kako *(Frage)* wie; **kako to** wieso
kakvọća Qualität
kạluđerica *(Ost)* Nonne
kamen Stein
kamịon Lastwagen
kamo wohin
kamp Zeltplatz
kampịranje Camping
kampịrati zelten
kanap *(Ost)* Bindfaden
kao *(Vergleich)* wie; **kao da** als ob
kap *f* Tropfen
kapa Mütze
kapẹla *(Gebäude)* Kapelle; **mụzička kapẹla** (Musik-)Kapelle
kapẹtan Kapitän
kạpija *(Einfahrt)* Tor
kaput Mantel
karạnfil Nelke
karta (Fahr-, Land-, Spiel-)Karte; **ọsobna** (*Ost* **lična**) **karta** Personalausweis
kasa Kasse
kasan spät
kạšika *(Ost)* Löffel
kat Stock(werk)
kạucija Kaution; (Flaschen-)Pfand
kava Kaffee
kavạna Café
kạzati sagen
kazna Strafe
kći Tochter

kẹlner, kẹlnerica *(Ost)* Kellner/in
kerạmika Keramik
kesa Beutel; *(größere)* Tüte
kẹsica *(kleine)* Tüte
kestẹnjast *(Haar)* braun
kịlogram Kilogramm
kịlometar Kilometer
kino *m/n* Kino
kiosk Kiosk
kịseo sauer
kiša Regen; **kišni ogṛtač** Regenmantel
kịšiti regnen
kịšobran Regenschirm, Schirm
klạditi se wetten
klijẹšta Zange
klupa (Sitz-)Bank
ključ Schlüssel
knjiga Buch
ko *(Ost)* wer
kofer Koffer
kola Wagen; **spạvaća kola** Schlafwagen; **kola za rụčanje** Speisewagen;
kọliba Hütte
količịna Menge
kọliko wieviel
kọlodvor Bahnhof
kọlosijek Gleis
komad Stück; **komad kruha** ein Stück Brot
komạrac Mücke
kompas Kompaß
kọmšija *m (Ost)* Nachbar
konac Faden
kọnačan *adj* endgültig
koncert Konzert
kondụkter Schaffner; **trạmvajski kondụkter** Straßenbahnschaffner
kọnobar, kọnobarica Kellner/in
kontrọlor Kontrolleur
konzụlat Konsulat
konj Pferd
kopno *(Gegensatz zu Wasser)* Land
korak Schritt
korist *f* Vorteil, Vorzug; **u korist** zugunsten
kọristan nützlich, vorteilhaft, zweckmäßig
kosa Haar(e)
kọšara Korb
kọštati *(ugs)* kosten
kọšulja Hemd
kotač Rad
kovan novac Geldstück, Münze
kovčeg Koffer
kọverta Briefumschlag
koza Haut; Leder
krạdljivac Dieb
krađa Diebstahl
kraj (1) Ende, Schluß; **na kraju** am Ende; **krajnja stạnica** Endstation
kraj (2) Gegend
kralj, krạljica König/in
krasan herrlich
krasti stehlen
kratak *(räumlich)* kurz
krạtica Abkürzung
kratkọročan kurzfristig
krčma Kneipe
kredit Kredit
krema za cịpele Schuhcreme
krẹtanje Bewegung
krevet Bett; **leći u krevet** zu Bett gehen
kriška *(Brot)* Scheibe
kriv schief; falsch; **ịmati krivo** unrecht haben; **krivo razụmjeti** mißverstehen
krivịca Schuld
krojač, krojạčica Schneider/in
krov Dach
kroz *acc* (quer) durch
krpa *(Lappen)* Tuch
kṛpiti flicken
kruh Brot
krupan beleibt, stark
kruška Birne
kružno putọvanje Rundfahrt
krzno Pelz
kuća Haus; **robna kuća** Kaufhaus, Warenhaus; **kọd kuće** daheim **pọvratak kući** Heimreise
kụćica . . .; alpska kụćica (Berg-)Hütte
kućna vrata *n pl* Haustür
kuda wohin
kụhalo Kocher; **kụhalo na špirit** Spirituskocher
kuhan *(gekocht)* gar
kuhar Koch
kụhati *(Essen zubereiten)* kochen
kụhinja Küche
kuka Haken
kupac Käufer
kupaọnica Bad
kụpati se *(Wanne, schwimmen)* baden
kụpiti kaufen
kụpka Bad
kupọvati einkaufen

?

kupọvina Kauf
kurs Kurs(us); (Wechsel-)Kurs
kụšati *(Speisen)* probieren, versuchen
kut *(Ecke)* Winkel
kụtija Büchse, Dose, Schachtel; **kụtija šịbica** Streichholzschachtel
kvalịtet Qualität
kvar Defekt
kvarna mọtoru Motorschaden

L

lađa (Kirchen-)Schiff
lagan *(Gewicht)* leicht
lak einfach, leicht
lako zapạljiv feuergefährlich
lampa Lampe; **džepna lampa** Taschenlampe
lanac Kette
laž Lüge
lažan unecht; falsch, betrügerisch
lažov Lügner
leći s. hinlegen; **leći u krevet** zu Bett gehen
lẹtjeti fliegen
lẹžaljka Liegestuhl
lẹžati liegen
lice Gesicht
ličan persönlich
lična karta *(Ost)* Personalausweis
lift Aufzug, Fahrstuhl, Lift
lijek (Heil-)Mittel
lijen faul
lijep schön
lịjevi, lịjeva, lịjevo linke, linker, linkes
lịjevo links
lịmenka *(Konserve)* Büchse, Dose; **otvạrač za lịmenke** Büchsenöffner, Dosenöffner
lịsnica Brieftasche
list Blatt; Brief
lista Liste
listọnoša Briefträger
litra Liter
lịvada Wiese
lokal Lokal
lọmiti brechen
lomljiv zerbrechlich
lonac (Koch-)Topf
lopov Dieb
lopọvluk *(Gaunerei)* Betrug
lopta Ball
loš übel, schlecht
loža *(Theater)* Loge
lọženje Heizung
lọžiti heizen
lọž-ulje *(ugs)* Heizöl
lud verrückt
luka Hafen
lukav schlau
luksuz Luxus
lụksuzan luxuriös
lula (Tabaks-)Pfeife

LJ

ljẹčilište Kurort
ljepọta Schönheit
ljestve *f pl* Leiter *f*
ljẹtnikovac Landhaus
ljeto Sommer
ljubav *f* Liebe
ljụbazan liebenswürdig
ljụbaznost *f* Liebenswürdigkeit
ljubịmac Liebling
ljụbiti lieben
ljudi *m pl* Leute
ljudski menschlich
ljutịna Zorn; Schärfe
ljutit böse; verärgert; zornig
ljụtiti se zbog *gen*/**na** *acc* s. ärgern über

M

magla Nebel

mạhati winken

majka Mutter

mạkaze *f pl (Ost)* Schere

Makedọnac, Makẹdonka Makedonier/in

Makẹdonija Makedonien

malen gering, klein

malo ein bißchen, etwas, wenig

mana Fehler *(den man hat)*, Mangel

mạnastir *(Ost)* (Mönchs-)Kloster

manje weniger

mạrama (Kopf-)Tuch

mạramica Taschentuch

marka Mark; (Handels-; Brief-) Marke

marljiv tüchtig

marmelạda Marmelade

maršrụta (Reise-)Route

maslac Butter

mastan fett

mati *f* Mutter

me mich

medịcinska sestra Krankenschwester

među *ins* unter, zwischen

međuslijẹtanje Zwischenlandung

međụtim inzwischen

mek(an) weich, zart

mene mich; **zbog mene** meinetwegen

meni (1) *m* Menu

meni (2) *pers prn dat* mir

meso Fleisch

metar Meter

mi (1) wir

mi (2) mir

mijẹnjanje novca Geldwechsel

mijẹnjati ändern; tauschen; *(Geld)* wechseln

mịlicija Polizei

milịcijska stạnica Polizeiwache

miliciọnar Polizist

mimoịći vorbeigehen

minụta Minute

mir Friede, Stille, Ruhe

miran ruhig, still

miris Geruch

mirịsati riechen

mirnọća *(seelisch)* Ruhe

mịsao *f* Gedanke

mịsliti meinen; **mịsliti na** *acc* denken an

mịšljenje Meinung; **po mom mịšljenju** meiner Meinung nach

mjera Maß

mjẹriti messen

mjesec Monat; Mond

mjẹsečni *adj* monatlich

mjesto (1) *n* Ort, Ortschaft; Platz, Stelle; **zaụzeti mjesto** einen Platz belegen; **mjesto rođẹnja** Geburtsort

mjesto (2) *prp gen* statt

mlad jung; *(Alter)* klein

mladić Junge

mladost *f* Jugend

mlađi jünger; kleiner

mlaz (Wasser-)Strahl

mlijẹko Milch

mnogo viel

mnogọbrojan zahlreich

mnoštvo eine Menge

moći imstande sein, können

moda Mode

modar blau

mọderan modern

moguć möglich

mogụćnost *f* Möglichkeit

moj mein

mokar naß

mol Mole

molba Bitte

molim bitte; *(Antwort auf Dank)* bitte; **molim?** wie bitte?

mọliti koga za što jdn um etw bitten; **mọliti se** beten

mọlitva Gebet

momčad *f (Sport)* Mannschaft

mọrati müssen, sollen

more Meer, See

most Brücke

motocịkl Motorrad

motor Motor

mọtorni čamac Motorboot

možda vielleicht

mračan finster

mreža Netz

mrlja Fleck(en)

mršav mager

mrtav tot

muha Fliege

muka Mühe

munja *(Wetter)* Blitz
muškarac Mann
muški männlich
mušterija Kunde
mutan *(Flüssigkeit)* trüb
muzej Museum
muzika Musik
muž Ehemann

N

na *acc/loc* auf
nabaviti beschaffen, besorgen, verschaffen
nabavljanje Besorgung
nacija Nation
nacrt *(Entwurf)* Plan
način Art, Weise
naći finden
nadati se hoffen
nadmašiti überholen
nadoknaditi *(Schaden)* ersetzen
nadut *(geschwollen)* dick
nagib (Ab-)Hang
naglasak Betonung, Ton
nagovoriti überreden
nagrada Belohnung
nagraditi belohnen
najam Miete
najedanput auf einmal
najgori schlimmst
najmanje mindestens; das wenigste
najprije erst, zuerst
najviše höchstens
najzad zuletzt
nakit Schmuck
naknada štete Schadenersatz
nakon *(zeitlich)* nach
nakupiti (auf)sammeln
nalaziti se s. befinden, liegen
nalazni ured Fundbüro
na *loc* an; **na otvorenom** im Freien; **na poštu, na pošti** auf die/der Post; **na putovanju** auf der Reise; **na Savi** an der Save; **na ulici** auf der Straße
nama uns
namirnice *f pl* Lebensmittel, Nahrungsmittel
namjera Absicht; Plan; Vorsatz
namjeran absichtlich
namjeravati beabsichtigen
namjestiti möblieren
namještaj Möbel
namješten stan möblierte Wohnung
namještenik, namještenica der, die Angestellte
namještenje Arbeit, Stelle
nanijeti bol *(Schmerz bereiten)* weh tun
naniže abwärts
naočale *f pl* Brille; **naočale protiv sunca** Sonnenbrille
napojnica Trinkgeld
napokon endlich
napolju draußen
napomenuti *(sagen)* bemerken
napor Anstrengung
naporan anstrengend
napraviti *(herstellen)* machen
napredak Fortschritt
napredovati vorwärts gehen
naprijed vorwärts; **naprijed!** herein! **ići naprijed** vorwärts gehen; *(Uhr)* vorgehen
naprotiv im Gegenteil, vielmehr
napumpati aufpumpen
napustiti verlassen
narav Natur
naravan *adj* natürlich
naravno *adv* natürlich, selbstverständlich
naročito besonders
narod Nation, Volk
naručiti bestellen
narudžba Bestellung
narukvica Armband
nas uns
naslov Adresse, Anschrift
nastaviti fortsetzen
nastradati verunglücken
nasuprot *adv* gegenüber
naš, naša, naše unser, unsere
natjecanje Wettbewerb
natovariti aufladen

?

natrag zurück; **dọbiti natrag** wiederbekommen; **ići natrag** zurück gehen
nạušnica Ohrring
nạvečer am Abend, abends
nạvika Gewohnheit
nạviknut gewohnt
nạviknuti se na *acc* s. gewöhnen an
nạviše nach oben
nazad rückwärts
nazor Meinung, Ansicht
nạzvati nennen; *(ugs)* anrufen
ne nein, nicht; **zar ne?** nicht wahr?
nebo Himmel
nẹboder Wolkenkratzer
nećak Neffe
nećạkinja Nichte
nẹdavno kürzlich, neulich
nẹdelja *(Ost)* Sonntag; Woche
nẹdeljni *(Ost)* wöchentlich
nẹdjelja Sonntag
nedọstajati fehlen
nedostạtak *(Fehlen)* Mangel
nẹdovoljan ungenügend
negdje irgendwo
nego *(bei Vergleich)* als; sondern; **više nego** mehr als
nẹiskusan unerfahren
neịzbježan unvermeidlich
nẹizvjestan ungewiß; unsicher, zweifelhaft
nẹkad(a) damals, früher
nẹkako irgendwie
nẹkamo irgendwohin
nẹkoliko einige, ein paar
nẹkoristan unnütz, zwecklos
nẹlagodan unwohl
nẹljubazan unfreundlich
nẹmaran nachlässig
nẹmati fehlen, mangeln; **nẹmati povjerẹnje** mißtrauen; **nẹmam pojma!** keine Ahnung!
nẹmiran unruhig
nẹmoderan unmodern
nẹmoguć unmöglich
nẹobavezan unverbindlich
neọbičan außergewöhnlich, ungewöhnlich
neočẹkivan unerwartet
nẹodlučan unentschlossen
neọdređen unbestimmt
nẹophodan unentbehrlich
nẹoprezan unvorsichtig
neọženjen *(Mann)* ledig
nepọsredan unmittelbar
nepọtpun unvollständig
nẹpotreban unnötig
nẹpovoljan ungünstig
nẹpoznat fremd, unbekannt
nẹpoželjan unerwünscht
nẹpraktičan unpraktisch
nẹpravda Ungerechtigkeit, Unrecht
nẹpravedan ungerecht
nẹpravilan unregelmäßig
nẹprijatan unerfreulich
neprịkladan ungeeignet
neprịstojan unanständig
nẹrabljen *(ungebraucht)* neu
nẹrado nicht gern, ungern
nered Unordnung
nẹsiguran unsicher
nẹsnosan lästig, unerträglich
nẹsporazum Mißverständnis
nẹsposoban unfähig
nẹsreća Unglück; **na nẹsreću** unglücklicherweise
nẹsretan unglücklich
nẹstao weg
nẹstati verschwinden
nesụmnjiv zweifellos
neškọdljiv unschädlich
nešto etwas
netko jemand
nẹtočan ungenau
neụčtiv unhöflich
nẹudata *(Frau)* ledig
neụdoban unbequem, ungemütlich
nẹugodan unangenehm
neụljudan unhöflich
nẹvažan unwichtig
nevạžeći ungültig
nevin unschuldig
nevjerọjatan unglaublich; unwahrscheinlich
nẹvrijeme Unwetter
nẹzadovoljan unzufrieden
nẹzahvalan undankbar
nezdrav ungesund
nẹzgoda Unfall
nẹženja *m* Junggeselle
ni auch nicht; **ni ... ni** weder ... noch
nigdje nirgends
nijạnsa (Farb-)Ton
nijẹdan kein; keiner
Nijẹmac, Njẹmica der, die Deutsche
nịkad(a) nie
nịkako durchaus nicht, gar nicht, keinesfalls

nịmalo gar nicht
ništa nichts; **ništa više** sonst nichts
nịštica Null
niti nicht einmal; **niti . . . niti** weder . . . noch
nitko keiner, niemand
nizak nieder, niedrig
nịzbrdo bergab
noć *f* Nacht; **noćni lokal** Nachtlokal; **noću** bei Nacht, nachts
noćas heute nacht
noga Fuß
nọgomet Fußball; **nọgometna momčad** *f* Fußballmannschaft
nokat (Finger-)Nagel
nosač Gepäckträger
nọsiti tragen
notes Notizblock
nov frisch, neu; **Nova gọdina** Neujahr
novac Geld; **kovan novac** Geldstück, Münze; **vrạtiti novac** zurückzahlen; **mijẹnjanje novca** Geldwechsel
novčạnica (Geld-)Schein
nọvčarka Geldbeutel
novčić Münze
novịna Neuheit
nọvinar Journalist
nọvine *f pl* Zeitung; **prodạvač nọvina** Zeitungsverkäufer
nọvinski kiosk Zeitungskiosk
novost *f* Neuigkeit
nož Messer
nula Null
numerịrati numerieren
nužda Notwendigkeit; **u slučaju nužde** im Notfall
nuždan nötig

NJ

njegov *poss prn* sein
njẹgovati pflegen; warten
Njẹmačka Deutschland
njẹmački deutsch
njẹzin, njẹzina, njẹzino *poss prn f sing* ihr
nježan zart, fein; zartfühlend
njihov *poss prn pl* ihr

O

oba, obje, oba beide
ọbala Küste, Ufer
ọbaveza Verpflichtung
ọbavezan verpflichtet
obavijẹstiti benachrichtigen, informieren; **obavijẹstiti se** Auskunft einholen
ọbaviti erledigen
obavještẹnje Auskunft
ọbavljati *(Beruf)* ausüben
obećạnje Versprechen
obẹćati versprechen
ọbičan *(üblich)* gewöhnlich
obịlazak Umleitung
ọbilazni put Umweg
obịtelj *f* Familie
ọbjesiti aufhängen
ọblačan *(Wetter)* bedeckt, bewölkt
oblak Wolke
oblakọder *(Ost)* Wolkenkratzer
oblik Form
ọblikovati bilden
obnọviti erneuern
ọbojen farbig
ọbratan umgekehrt; **u ọbratnom pravcu** in umgekehrter Richtung
obrạtiti se kome s. an jdn wenden
obrạzac Formular

obṛnuti umkehren
obrok Essen, Mahlzeit
ọbućar Schuhmacher, Schuster
ọbući *(Kleidungsstück)* anziehen; **ọbući se** s. anziehen
obzir Rücksicht
ọcariniti verzollen
ocẹan Ozean
ocijẹniti urteilen
ọčajan verzweifelt
ọčaran entzückt
očekịvati erwarten
očẹvidno *adv* offenbar
od *(bei Vergleich)* als; *gen* aus *(Material)*; seit; von
ọdakle woher
odạslati wegschicken
ọdatle weg
ọdbiti ablehnen, zurückweisen
ọdgoda Aufschub
odgọditi aufschieben, verschieben
odgoj Erziehung
odgovạrati passen, gelegen kommen
ọdgovor Antwort
ọdgovoran verantwortlich
odgovọriti antworten; beantworten
odijẹlo Anzug
ọdjeća Kleidung; **četka za ọdjeću** Kleiderbürste
ọdlazak Abreise; Ausreise
ọdličan ausgezeichnet
ọdlučan entschlossen
odlụčiti beschließen, entscheiden; **odlụčiti se** s. entschließen
ọdluka Entschluß
odmah direkt, gleich, sofort
odmạrati se (aus)ruhen
odmor Ruhe; **gọdišnji odmor** Urlaub
odmọriti se s. ausruhen
ọdnijeti wegbringen; forttragen
odnọsiti se na *acc* s. beziehen auf
odọbriti genehmigen
ọdređen *adj* bestimmt
ọdrezak (Scheck-, Kontroll-)Abschnitt
održạvati se stattfinden
odsto Prozent
ọdsutan abwesend, fort
ọdšteta (Schaden-)Ersatz
odụševljen begeistert
odụzeti abnehmen, wegnehmen
ọdvući abschleppen
oglas Anzeige, Inserat
oglẹdalo Spiegel
ọgrada *(Bahnhof)* Sperre; Zaun; **uz ọgradu** mit Vorbehalt
ọgrlica (Hals-)Kette
ogṛtač Mantel; **kišni ogṛtač** Regenmantel
ọklada Wette
oklijẹvati zögern
okno *(Fenster)* Scheibe
oko (1) *n* Auge
oko (2) *gen (zeitlich)* gegen, um
ọkolina Umgebung
ọkolni svijet Umwelt
okọlnosti *f pl* Umstände
ọkolo *gen* um (herum)
okrẹnuti drehen, wenden
ọkrepa Erfrischung
ọkrugao rund
ọlovka Bleistift
olụja Gewitter, Sturm
ọmaška Versehen; **ọmaškom** aus Versehen
omogụćiti ermöglichen
omot Verpackung
ọmotnica Briefumschlag
on er
onaj, ona, ono jener, jene, jenes
ọnamo dorthin
onda damals; dann
ondje dort
ọnuda dorthin
ọpasan gefährlich
opạsnost *f* Gefahr
ọpatica Nonne
ọpaziti merken
općẹnito im allgemeinen
opći allgemein
ọpera Oper
opet wieder; **opet vịdjeti** wiedersehen
opịsati beschreiben
ọpiti se s. betrinken
opor *(Wein)* herb
opọraviti se s. erholen
oprez Vorsicht
ọprezan vorsichtig
oproštẹnje Verzeihung; **molim za oproštẹnje** ich bitte um Entschuldigung
oprọstiti entschuldigen, verzeihen; **molim oprọstite** entschuldigen Sie bitte; **oprọstiti se** Abschied nehmen
ọpruga *(elastisch)* Feder
orden *(Auszeichnung)* Orden
ọseka Ebbe

osigụrač *(el)* Sicherung
osigurạnje Versicherung
osigụrati versichern
osim *gen* außer; **osim toga** außerdem, sonst noch
ọsjećaj Gefühl
ọsjećati fühlen
osjẹtilo Sinn
ọsoba Person
ọsoban persönlich; **ọsobna karta** Personalausweis; **ọsobni podạci** *m pl* Personalien
ọsobina Eigenschaft
ọsobito besonders
ọsoblje Personal
ostạtak Rest; (Stoff-)Rest
ọstati bleiben; **ọstati pri** *loc* bestehen auf
ọstaviti zurücklassen
ọstavnica Gepäckschein
ọstrvo *(Ost)* Insel
ostvạriti verwirklichen
oštar scharf
oštećẹnje Beschädigung
ọštetiti beschädigen
otac Vater
otạda seitdem
ọtadžbina Vaterland
otẹčen *(geschwollen)* dick
ọtići weggehen
ọtkad(a)? seit wann?
ọtkako *conj* seitdem
otkạzati abbestellen
ọtkriti entdecken
otmjen vornehm
otok Insel
otpad Abfall
otprẹmiti befördern
otprịlike etwa, ungefähr
otputọvati verreisen; **otputọvati iz** *gen* abfahren von; **otputọvati u** *acc* abreisen nach
otrov Gift
ọtrovan giftig
otvạrač za lịmenke Büchsenöffner, Dosenöffner
ọtvoren auf, geöffnet, offen; **na ọtvorenom** im Freien
otvọriti aufmachen, öffnen
ovaj, ova, ovo dieser, diese, dieses
ovạko so
ọvamo hierher
ovdje *(Ort)* da, hier
ọvlašćen berechtigt
ọzbiljan ernst
oznạčiti brojem numerieren
ožẹniti se *(beim Mann)* heiraten
ọženjen *(Mann)* verheiratet

P

pad Sturz
pạdati fallen, stürzen; **pạdati (kiša/snijeg)** regnen; schneien
paket Paket
pakẹtić Päckchen
pạkovati *(Koffer)* packen
pạluba Deck
paljiv brennbar; **lako zapạljiv** feuergefährlich
pamet *f* Verstand
pạmetan klug
pamuk Baumwolle
pantalọne *f pl (Ost)* Hose
papir Papier; **toalẹtni papir** Toilettenpapier; **papir za pismo** Briefpapier
par Paar
parfem Parfüm
park Park
parkịralište Parkplatz
parkịrati parken
pạrobrod Dampfer, Schiff
paroh *(orthodox)* Pfarrer
pas Hund
pasoš *(Ausweis)* Paß
pasta za zube Zahnpaste
pasti fallen, stürzen
pastor *(protestantisch)* Pfarrer
patos *(Ost)* (Fuß-)Boden
pazi! Vorsicht!
pạziti beachten; **pạziti na** *acc* aufpassen/achtgeben auf
pažljiv aufmerksam
pẹcati fischen
pečẹnje Braten
peć *f* Ofen

peći braten
pegla *(ugs)* Bügeleisen
pẹglati *(ugs)* bügeln
pekmez Marmelade
pẹnjati se steigen
perifẹrija Peripherie
pero Feder
pertla *(ugs)* Schuhband, Schnürsenkel
peškir *(Ost)* Handtuch
piće Getränk
pijan betrunken
pijẹsak Sand
pijẹtao *m* Hahn
pịsati schreiben
pismen schriftlich
pismo Brief
pitak trinkbar
pịtanje Frage
pịtati fragen; **pịtati za savjet** jdn um Rat fragen
piti trinken
pivo Bier
pjesma Lied
pješak Fußgänger
pjẹšice zu Fuß
pjẹvanje Gesang
pjẹvati singen
plạćanje Zahlung
plạkati weinen
plamen Flamme
plan Plan; **plan grada** Stadtplan
plạnina Gebirge
plạtiti bezahlen, zahlen; **plạtiti poštạrinu** frankieren; **plạtiti u gọtovu** bar zahlen
plativ zahlbar
plav blau
plavọkos blond
plaža Strand
ples *(Fest)* Ball, Tanz
plẹsati tanzen
plesni lokal Tanzlokal
plesnjak *(ugs)* Tanzlokal
plima Flut
plitak flach
plịvalište Schwimmbad
plịvati schwimmen
ploča Platte, Tafel; **gramọfonska ploča** Schallplatte
pljesak Beifall
pobjẹsnjeti wütend werden
pobṛkati verwechseln
pọbuda (Beweg-)Grund
počẹtak Anfang, Beginn
pọčeti anfangen, beginnen
počịvati (aus)ruhen
pocṛnjeo *(gebräunt)* braun
pod (1) *m* (Fuß-)Boden
pod (2) *prp acc/ins* unter
pọdaci *m pl* Daten; **ọsobni podạci** Personalien; **pọbliži podạci** nähere Angaben
podal gemein
podạtak Angabe; **dati podạtke** Angaben machen
pọdesan *(geeignet)* richtig
podijẹliti verteilen
pọdjela Verteilung
podne Mittag; **do podne** vormittags; **u pọdne** mittags; **po podne** nachmittags
podnọsiti ertragen
pọdružnica Filiale
pọdsjetiti koga na *acc* jdn an etw erinnern
poduzẹće Unternehmen
podvọžnjak Unterführung
pogled Ansicht, Blick
pọgledati anschauen, ansehen
pogọditi (er)raten
pọgrešan falsch
pọgreška Fehler *(den man macht)*
pohrạniti hinterlegen
pojam Begriff; **nemam pojma!** keine Ahnung!
pojạviti se erscheinen
pojedịnost *f* Einzelheit
pọjesti verzehren
pokạzati vorzeigen, zeigen
poklon Geschenk
poklọniti schenken
pokraj *gen* neben
pokrẹnuti bewegen
pọkriti bedecken, zudecken
pokrịvač (Bett)Decke; **vụneni pokrịvač** Wolldecke
pọkucati anklopfen
pokus Probe
pọkušaj Versuch
pọkušati probieren, versuchen
pọkvaren kaputt, verdorben
pokvạriti verderben; **pokvạriti se** *(schlecht werden)* verderben
poljụbiti küssen
pọljubac Kuß
po(l) halb; **pol(a) sata** eine halbe Stunde
polạgan langsam
pọlazak Abfahrt
pọledica (Glatt-)Eis

?

policạjac Polizist
polịcija Polizei
polịcijska stạnica Polizeiwache
polọvina Hälfte
pọložaj Lage, Stellung
polọžiti hinlegen
pomoć *f* Hilfe; **prva pomoć** Erste Hilfe
pọmoći komu jdm behilflich sein, jdm helfen
ponạšanje Benehmen
pọnekad manchmal
ponoć *f* Mitternacht; **u ponoć** um Mitternacht
ponọviti wiederholen
pọnovo wieder
pọnuda Angebot
pọnuditi anbieten
pop Priester
pọpeti se hinaufgehen
popis Liste, Verzeichnis
popọdne Nachmittag
pọpravak Reparatur; **radiọnica za pọpravke** Reparaturwerkstatt
pọpraviti verbessern; reparieren
pọprijeko quer durch
pọpunjen *(voll)* besetzt
popust Ermäßigung
porạsti *(anwachsen)* zunehmen
porcụlan Porzellan
pored *(nahe)* bei
porịcati leugnen
pọročan *(sittlich)* verdorben
pọrodica Familie
portal Portal
portir Portier
pọsada *(Schiff)* Mannschaft
pọsao *m (Anstellung)* Arbeit; *(Angelegenheit)* Sache; **ọbaviti pọsao** eine Angelegenheit erledigen
pọseban eigenartig; Sonder . . .
pọsebno extra
posjed Besitz; **sẹljački posjed** Bauernhof
pọsjedovati besitzen
posjet Besuch
pọsjetiti koga jdn besuchen
pọslati schicken, übersenden; **pọslati po** abholen lassen; **pọslati za kim** nachsenden
pọslije *(zeitlich)* nach; nachher
pọslovođa *m* Geschäftsführer
pọsluga Bedienung
pọslušati befolgen
poslụžavnik Platte *(zum Anrichten)*
poslụžiti bedienen
pọsrednik Vermittler
pọstati werden
pọstelja Bett
posteljịna Bettwäsche
pọstići *(durch Bemühung)* erhalten, erlangen, erreichen
posto Prozent
pọstojan haltbar
postọjati bestehen
pọstotak Prozentsatz
pọstupak Behandlung
postụpati behandeln
pọsuda Behälter, Gefäß
posụditi (ver-, ent-)leihen
pošta Post, Postamt
pọštanski sạndučić Briefkasten
pọštanski ured Postamt
poštar Briefträger
poštạrina Porto; **plạtiti poštạrinu** frankieren
potpis Unterschrift
potpịsati unterschreiben
pọtpora Unterstützung
potpun ganz, voll, vollständig
potražịvati reklamieren
pọtreba Bedürfnis, Notwendigkeit
pọtreban nötig, notwendig
pọtrgati *(kaputtgehen)* reißen
potrọšiti ausgeben; verbrauchen
potrọšnja Verbrauch
potrụditi se s. Mühe geben
pọtvrda Bescheinigung
potvṛditi bescheinigen, bestätigen
poučạvati lehren, unterrichten
pọuzdan zuverlässig
pọuzdati se u *acc* vertrauen auf
pọvijest *f* Geschichte
povịsiti *(Preise)* erhöhen, heraufsetzen
povjerẹnje Vertrauen; **nẹmati povjerẹnja** mißtrauen
povjẹrljiv vertrauensvoll
povod *(Grund)* Anlaß
pọvoljan *(Preis)* günstig
pọvratak Rückfahrt; Rückkehr; **pọvratak kući** Heimreise
pọvrće Gemüse
pọvreda Verletzung
pọvući se s. zurückziehen
pọzdraviti begrüßen, grüßen
poziv Einladung; **telẹfonski poziv** Anruf
pọznanik, pọznanica der, die Bekannte
poznat bekannt

pozor Achtung

pọzvati auffordern; bestellen, einladen; **pọzvati telefọnom** anrufen

požar Brand; Feuer; **apạrat za gạšenje pọžara** Feuerlöscher; **javljač pọžara** Feuermelder

požụriti se s. beeilen,

prạktičan praktisch

praọnica Wäscherei

prašak Pulver

prạšina Staub

prati waschen

prạtiti begleiten

prav echt

pravac Richtung; **pravac puta** Reiseroute; **u ọbratnom pravcu** in umgekehrter Richtung

prạvedan gerecht

pravi *(echt)* wirklich

prạvilan regelmäßig

pravo Recht; **ịmati pravo** recht haben

pravọvremeno *adv* rechtzeitig

prazan leer

praznik Feiertag; **(školski) prạznici** *m pl* Ferien; **za vrijẹme (školskih) prạznika** in den Ferien

pre- *(mit adj)* zu

prebịvalište Wohnort, ~sitz

prẹčica *(Weg)* Abkürzung

pred *acc/ins (räumlich)* vor

prẹdati *(Gepäck, Post)* aufgeben; überbringen; übergeben

prẹdgrađe Vorort, Vorstadt

prẹdio *m* Landschaft

prẹdivan wunderbar

prẹdjelo Vorspeise

predlọžiti vorschlagen

predmet Ding; (Gesprächs-)Gegenstand

prednost *f* Vorteil, Vorzug

prẹdodžba *(Begriff)* Vorstellung

prẹdstava Aufführung, Vorstellung

prẹdstaviti vorstellen

prẹdstavljanje Vorstellung

preduzẹće *(Ost)* Unternehmen

prẹdznak (An-)Zeichen

prẹhlada Erkältung

prekid *(Unterbrechung)* Störung

prekịdač *(el)* Schalter

prẹkinuti unterbrechen

prẹkjuče(r) vorgestern

preko *gen (mittels)* durch

prekọmorje Übersee

prekorạčiti überschreiten

prẹksutra übermorgen

prẹlaziti umsteigen

prema *dat (in Richtung auf)* gegen

premda obgleich, obwohl

prenọćiti übernachten

prenọšljiv übertragbar

preọstali übrig

preọstati übrigbleiben

prepad Überfall

prepịsati verordnen, verschreiben

preporụčiti empfehlen; *(Brief)* einschreiben

prẹporuka Empfehlung

prepọznati erkennen

prepun überfüllt

preračunạvanje Umrechnung

presẹliti se *(Wohnung wechseln)* umziehen

prẹsjedati umsteigen

prẹstati aufhören

prẹsuda Urteil

presvụći se s. umziehen

prẹtjecati *(mit dem Auto)* überholen

prẹtjeran übertrieben

pretpọsljednji, pretpọsljednja, pretpọsljednje der, die, das vorletzte

pretpọstaviti annehmen, vermuten

prẹtpostavka Annahme, Vermutung

prẹtprodaja Vorverkauf

prẹvara *(Handel)* Betrug

prẹvariti betrügen

prẹviše zu sehr, zu viel

prẹviti *(med)* verbinden

prevọditi übersetzen

prevọziti transportieren

prẹzime Familienname

pri *loc* an

pribạdača Stecknadel

priblịžiti se s. nähern

prịčati erzählen

prịgoda Gelegenheit

prịgodom *adv* gelegentlich

prigovọriti reklamieren

prịhvaćanje Annahme

prịhvatiti annehmen, zusagen

prịjatelj, prijatẹljica Freund/in

prijatẹljstvo Freundschaft

prịjati schmecken

prijạviti *(ankündigen)* anmelden

prịjazan freundlich, nett

prijạznost *f* Freundlichkeit

prije *adv* eher, früher; vorher; **što prije** so bald wie möglich; *prp gen (zeitlich)* vor; **prije svega** zunächst; vor allem; **prije nego** bevor
priječiti hindern
prijẹdlog Vorschlag
prịjeko drüben
prijẹlaz Übergang
prijẹvoj *(Gebirge)* Paß
prijẹvoz Überfahrt
prịkladan zweckmäßig
prilaz Zugang
prịličan beträchtlich; ziemlich
prịlika Anlaß, Gelegenheit; **po svoj prịlici** anscheinend, vermutlich, wohl
prilog *(Brief)* Anlage
prịmalac *(Post)* Empfänger
prịmanje Aufnahme; Erhalt, Empfang
primijẹniti *(Gesetz)* anwenden
primijẹtiti bemerken
prịmiti empfangen, erhalten
primjer Beispiel; **na primjer** zum Beispiel
prịpadati gehören
pripit *(leicht)* betrunken
priprẹmiti vorbereiten, zubereiten
prịredba Veranstaltung
prịroda *f* Natur
prịrodan *adj* natürlich
prịručna prtljạga Handgepäck
prịsiliti zwingen
prịstajanje Landung
prịstajati *(Kleidung)* passen
prịstati einwilligen, zustimmen; landen
prịsutan anwesend
prịtisnuti dugme (auf) einen Knopf drücken
prịvatan privat
prịvremeno *adv* vorläufig
prịzemlje Erdgeschoß
prịznanica Empfangsbestätigung; Quittung; **dati prịznanicu** quittieren
prljạvština Schmutz
prljav schmutzig
prọbati *(ugs)* probieren
probụditi aufwecken; **probụditi se** aufwachen
procent Prozentsatz
procijẹniti schätzen
prọći *(Zeit)* vergehen, vorübergehen
prọdaja Verkauf
prọdati verkaufen
prodạvač, prodavạčica Verkäufer/in; **prodạvač nọvina** Zeitungsverkäufer
prodavaọnica Laden
prodụžiti verlängern
program Programm
proịzvod Erzeugnis, Produkt
proizvọditi erzeugen
prọljeće Frühling
prolaz Durchfahrt; Durchgang; Gang
prọlazak Durchreise; **na prọlasku** auf der Durchreise
prọlazan *adv* vorübergehend
prọmaja *(Ost)* Luftzug
promạtrati beobachten, betrachten
promet Verkehr
promijẹniti verändern
prọmjena Veränderung, Wechsel
prọmočen naß
propis Vorschrift
prọpovijed *f* Predigt
propuh Luftzug
propụstiti verpassen, versäumen
proračụnati berechnen
prọsječan durchschnittlich
prospekt Prospekt
prost *(ordinär)* gewöhnlich
prọstački ordinär
prostor Raum
prostọrija *(Räumlichkeit)* Raum
prosụditi beurteilen
prošẹtati se einen Spaziergang machen
prọšlo vorüber
prošlost *f* Vergangenheit
protestịrati protestieren
protiv *gen (wider)* gegen; **biti protiv** dagegen sein
protuvrijẹdnost *f* Gegenwert
proụzročiti verursachen
prọvjeriti nachprüfen
provọditi *(Zeit)* verbringen
prozor Fenster
prozrạčiti lüften
prst Finger; **vrh prsta** Fingerspitze
prsten Ring; **vjẹnčani prsten** Ehering
prtljạga Gepäck; **prịručna prtljạga** Handgepäck
pruga (Bahn-)Strecke
prụžiti geben, reichen
prvi, prva, prvo der, die, das erste; **prva pomoć** *f* Erste Hilfe

prvo erstens
prvoṛazredan erstklassig
pṛžiti *(in der Pfanne)* braten
ptica Vogel
pụcati schießen
puder Puder
pulọver Pullover
pun voll
pụniti füllen; **pụniti benzịnom** tanken
pụnomoć *f* Vollmacht
pụšiti rauchen
put Mal; Reise; Weg; **drugi put** ein andermal; **svaki put** jedesmal Mal; **ọbilazni put** Umweg; **pravac puta** Reiseroute
putar *(ugs)* Butter
pụtnička agẹncija Reisebüro
putnik Fahrgast, Passagier, Reisender
putọvanje Reise; **na putọvanju** auf der Reise; **kružno putọvanje** Rundfahrt
putọvati (u *acc*) reisen (nach)

R

rabat Rabatt
račun Rechnung; **svota računa** Rechnungsbetrag
računati rechnen
rad Arbeit
radi *gen* wegen
rạdije eher, lieber
rạdio Radio
rạdio-apạrat Radioapparat
radiọnica Werkstatt; **radiọnica za pọpravke** Reparaturwerkstatt
rạditi arbeiten; funktionieren; handeln; tun
radnim danom werktags, wochentags
rado gern
radost *f* Freude
rạdostan (zbog *gen*) erfreut (über)
rạdovati se *dat* s. freuen auf/über
radọznao neugierig
rajsnegl *(ugs)* Reißnagel
rame Schulter
rani früh
raskoš Luxus
rạskošan luxuriös
rạskršće *(Straße)* Kreuzung
rạskrsnica *(Ost) (Straße)* Kreuzung
rạspakovati *(Koffer)* auspacken
raspịtati se s. erkundigen
raspitịvanje Erkundigung
rạsprodaja Ausverkauf
rạstaviti trennen
rasti wachsen
rastumạčiti *(deutlich machen)* erklären
rạsvijetljen beleuchtet
rat Krieg
ravan flach, eben; gerade; **ići ravno** geradeaus gehen
ravnịca Ebene
razạslati versenden
rạzbiti zerbrechen
razbọljeti se krank werden
razdẹrati zerreißen
rạzglednica Ansichtskarte
razgovạrati se s. unterhalten
rạzgovor Gespräch, Unterhaltung; **telẹfonski rạzgovor** Telefongespräch
rạzličit verschieden
rạzlika Unterschied
rạzlikovati unterscheiden; **rạzlikovati se od** *gen* s. unterscheiden von
razlog Grund
razmak Abstand
razmijẹniti umtauschen
rạzmjena Austausch
raznọlik abwechslungsreich
razọčaran enttäuscht
razọriti zerstören
razred Klasse
razum Vernunft, Verstand
rạzuman vernünftig
razụmjeti verstehen; **krivo razụmjeti** mißverstehen
rạzviti entwickeln
razvoj Entwicklung
rđav schlecht
rečẹnica Satz
reći sagen

red *(rel)* Orden; Ordnung; Reihe
rẹdovan regelmäßig
reklạma Reklame
relạcija Strecke
remen Riemen
rep Schwanz; **stạjati u repu** Schlange stehen
restaurạcija Restaurant
restl *(ugs)* (Stoff-)Rest
restọran Lokal, Restaurant
rẹšetka Gitter
rešo *m* Kocher
rẹvija *(Vorstellung)* Revue
rẹzati schneiden
rezervịrati *(Hotel, Platz)* bestellen, buchen, reservieren, vorbestellen
rezụltat Ergebnis
riba Fisch; **tṛgovac ribom** Fischhändler
ribar Fischer
ribạriti fischen
riječ *f* Wort
rijẹdak *adj* selten
rijẹka Fluß, Strom
rijẹšiti lösen
rijẹtko *adv* selten
rizik Risiko
roba Artikel, Ware; **glịnena roba** Tonwaren
robna kuća Kaufhaus, Warenhaus
rọditelji *m pl* Eltern
rodom iz *gen* gebürtig aus
rođen geboren
rođẹnje Geburt; **datum rođẹnja** Geburtsdatum; **mjesto rođẹnja** Geburtsort
rọđendan Geburtstag
rok *(Frist)* Termin
rọniti tauchen
rub Rand
rublje Wäsche; **donje rublje** Unterwäsche
ručak Mittagessen
ručni sat Armbanduhr
ručnik Handtuch
ručno ịzrađen handgemacht
ruka Arm; Hand
rukạvica Handschuh; **par rukạvica** ein Paar Handschuhe
rụkopis (Hand-)Schrift
rupa Loch
rupčić Taschentuch
Rụsija Rußland
ružan häßlich

S

s, sa *ins* mit
sačụvati aufbewahren
sad(a) jetzt, nun
sada zur Zeit
sạdržaj Inhalt
sadṛžati enthalten
sạkriti verbergen
sam allein
sạmilost *f* Mitleid
samo nichts als nur
sạmostan (Mönchs-)Kloster; **ženski sạmostan** Nonnenkloster
samt Samt
san Schlaf; Traum
sạndučić Kasten
sanduk Kiste
sạnjati träumen
sạobraćaj Verkehr
saọbraćati *(Verkehrsmittel)* verkehren
saopćẹnje Mitteilung
saọpćiti mitteilen
sapun Seife
sạstanak Verabredung
sạstojati se iz *gen* bestehen aus
sasvim *adv (vollständig)* ganz
sat Unterrichtsstunde; Stunde; Uhr; **ručni sat** Armbanduhr; **zidni sat** Wanduhr; **četvrt sata** eine Viertelstunde; **pol(a) sata** eine halbe Stunde; **svaka dva sata** alle zwei Stunden; **svakog sata** stündlich
sạučešće Beileid
sav, sva, svo ganz
savịjati biegen
sạvjestan gewissenhaft
savjet Rat; **pịtati za savjet** jdn um Rat fragen; **trạžiti savjet** konsultieren
sạvjetovati Rat erteilen, raten
sạvršen vollkommen

sažet kurz(gefaßt)
se man
sẹdmica Woche
sekụnda Sekunde
selo Dorf
sẹljački posjed Bauernhof
seljak *(Landwirt)* Bauer
sendvič belegtes Brötchen
sestra Schwester; **časna sestra** Ordensschwester; **medịcinska sestra** Krankenschwester
sẹstrična Cousine
sẹzati *(s. erstrecken)* reichen
sezọna Saison; **glavna sezọna** Hochsaison; **van sezọne** außerhalb der Saison
sići aussteigen; hinuntergehen
signal Signal
sịguran gewiß, sicher
sigụrnost *f* Sicherheit
sịjalica *(Ost)* (Glüh-)Birne
silan gewaltig
sin Sohn
sir Käse
sirọmašan arm
sitniš Kleingeld
siv grau
sjajan prächtig
sjati glänzen, scheinen
sjẹćati se s. erinnern
sjeći schneiden
sjẹdalo Sitz
sjẹditi sitzen
sjena Schatten
sjesti s. hinsetzen, s. setzen
sjever Norden
sjẹverni nördlich
sjẹverno od *gen* nördlich von
sjeveroịstok Nordosten
sjeverozạpad Nordwesten
skela Fähre
skọčiti springen
skoro bald, beinahe, fast
skrẹnuti biegen; **skrẹnuti desno/lịjevo** nach rechts/links einbiegen
skup teuer
skụpljati sammeln
skupọcjen kostspielig
slab schwach
slabost *f* Schwäche
sladak süß
slạdoled (Speise-)Eis
slạgati se einig sein
slati *(schicken)* senden
slavan berühmt
slạvina (Wasser-)Hahn
sličan ähnlich
slịčiti gleichen
slijẹdeći nächste
slijẹditi folgen
slijep blind
slika *(Foto, Abbildung, Gemälde)* Bild
slikar Maler
slịkarstvo Malerei
slịkati malen
slikọvit malerisch
slọbodan frei
Slovẹnac Slowene
Slọvenija Slowenien
Slọvenka Slowenin
slovo Buchstabe; **izgovọriti slovo po slovo** buchstabieren
slučaj Zufall; **ụ svakom slụčaju** auf alle Fälle; **u slụčaju nužde** im Notfall
slụčajan *adv* zufällig
slụšalica *(tele)* Hörer
slụšati koga jdm zuhören
slutnja Ahnung
služba Dienst
služben amtlich, offiziell
slụžiti dienen
smạtrati *(ansehen als)* betrachten
smeđ braun
smẹtati stören
smetnja Störung
smịjati se lachen
smjer Richtung
smjeti dürfen
smṛdjeti stinken
smṛšaviti *(dünner werden)* abnehmen
smrt *f* Tod
snạbdjeti s(a) *ins* versorgen mit
snaga Kraft, Stärke
snažan kräftig
snijeg Schnee
snijẹžiti schneien
snimak *(Foto)* Aufnahme
snịmati fotografieren; *(Foto)* aufnehmen
snịziti *(Preise)* herabsetzen
soba Zimmer; **dnevna soba** Wohnzimmer
spạkovati *(ugs)* verpacken
spạsiti retten
spạvaća kola Schlafwagen
spạvaća soba Schlafzimmer
spạvanje Schlafen; **sredstvo za spạvanje** Schlafmittel
spạvati schlafen

spẹcijalan speziell
spọjiti *(tele)* verbinden
spọmenik Denkmal
spor *adj* langsam
spọrazum Einverständnis
sporazụmjeti se s. verständigen
sport Sport
sportsko ịgralište Sportplatz
spọsoban fähig
sprat Stock(werk)
spreman bereit, fertig
sprijẹčiti verhindern
sprud Düne
Sṛbija Serbien
Srbin Serbe
srce Herz
sṛdačan herzlich
sṛdačnost *f* Herzlichkeit
srdit *(verärgert)* böse
srebro Silber
sreća Glück
sredịna Mitte
srẹditi regeln
Sredọzemno more Mittelmeer
sredstvo Mittel; **sredstvo za čịšćenje mrlja** Fleckenmittel; **sredstvo za spạvanje** Schlafmittel
sresti begegnen, treffen
sretan froh, glücklich
sretno! viel Glück!
srodan verwandt
Sṛpkinja Serbin
srpskohṛvatski serbokroatisch; **na srpskohṛvatskom** auf serbokroatisch
stạjati kosten; stehen; **stạjati u repu** Schlange stehen
staklo *(Scheibe)* Glas
stalan *(dauernd)* fest; **stalne boje** waschecht
stan Wohnung; **nạmješten stan** möblierte Wohnung
stạnica Haltestelle; **autọbusna stạnica** Bushaltestelle; **bẹnzinska stạnica** Tankstelle; **krajnja stạnica** Endstation; **polịcijska/milịcijska stạnica** Polizeiwache
stanọvati wohnen
stanọvnik Bewohner, Einwohner
stanje Verfassung; Zustand; **stvarno stanje** Tatbestand
star *(nicht frisch)* alt
starịne *f pl* Antiquitäten
starịnski *(aus früheren Zeiten)* alt, antik
starost *f (hohes)* Alter
start Start
stati stehenbleiben, halten
stạviti stellen, setzen, legen
staza Pfad
stẹpenice *f pl* Treppe
stići ankommen; eintreffen
sto hundert
stoga *(Grund)* daher
stoj! halt!
stol Tisch; **za stolom** bei Tisch
stọlica Stuhl
stolna crkva Dom
stọljeće Jahrhundert
stoput hundertmal
stornịrati *(Fahr-, Flugkarten)* abbestellen
stọtina hundert
straga hinten
strah Furcht
strahọvati fürchten
stran *(ausländisch)* fremd
strana Seite; **s one strane** jenseits; **s moje strane** meinerseits
stranac, strạnkinja der, die Fremde; Ausländer/in
strạnica (Buch-)Seite
strašan fürchterlich, schrecklich
stric Onkel
strina Tante
strm steil
strog streng
strop (Zimmer-)Decke
strpljẹnje Geduld
strpljiv geduldig
struja *(el)* Strom
student Student
studij Studium
studịrati studieren
stup Säule
stụpiti betreten
stvar *f* Angelegenheit; Ding, Sache
stvaran wirklich; **stvarno stanje** Tatbestand
stvarnost *f* Wirklichkeit
sud *(Justiz)* Gericht; Urteil
sudac Richter
sudar Zusammenstoß
sụdija *m (Ost)* Richter
sụditi urteilen
suh trocken
sukno Tuch
sụšiti trocknen
sumnja Verdacht; Zweifel; **bez sumnje** ohne Zweifel
sụmnjati u što an etw zweifeln

?

sumnjiv zweifelhaft
sumrak (Abend-)Dämmerung
sunce Sonne; **nạočale** *f pl* **protiv sunca** Sonnenbrille; **ịzlazak sunca** Sonnenaufgang; **zạlazak sunca** Sonnenuntergang
sụncobran Sonnenschirm
sụprotan entgegengesetzt
sụprotnost *f* Gegenteil
suprug Ehemann
sụpruga Ehefrau
susjed Nachbar
sutra morgen; **sutra ụjutro/ụveče(r)** morgen früh/abend
suvẹnir Andenken
sụvišan überflüssig
sụvremen *(neuzeitlich)* modern
svadba *(Feier)* Hochzeit
svađa Streit
svạđati se s. zanken
svạkako *adv* unbedingt
svaki jeder; **svaki dan** alle Tage; **svakog sata** stündlich; **svaka dva sata** alle zwei Stunden; **svaki put** jedesmal; **ụ svakom slụčaju** auf alle Fälle
svanụće (Morgen-)Dämmerung
svạtovi *m pl (Feier)* Hochzeit
sve alles
svečan feierlich
svẹćenik Geistlicher
sveska *(Ost)* Heft
svẹštenik *(Ost)* Geistlicher, Priester
svet heilig
svezak *(Buch)* Band
svi, sve, sva alle; ganz
svịđati se gefallen
svijẹća Kerze
svijet Welt; **ọkolni svijet** Umwelt
svịjetao hell; leuchtend
svijẹtleći leuchtend
svijẹtlo . . . *(bei Farben)* hell . . .; **svijẹtloplav** hellblau
svila Seide; **hạljina od svile** Seidenkleid
svịrala Pfeife
svjedọčenje Zeugnis
svjẹdodžba *(Bescheinigung)* Zeugnis
svjedok Zeuge
svjestan bewußt
svjẹtiljka Lampe
svjẹtina (Menschen-)Menge
svjetlo Licht
svjež frisch
svota Betrag; **svota račụna** Rechnungsbetrag
svrha Zweck
svṛšiti (se) enden
svući *(Kleidungsstück)* ausziehen; **svući se** s. ausziehen
svuda überall

Š

šala Scherz, Spaß
šạlica Tasse
šalter Schalter
šaraf *(ugs)* Schraube
šaren bunt
šator Zelt
šećer Zucker
šef Chef
šešir Hut
šẹtati spazierengehen
šetnja Spaziergang
šịbica Streichholz; **kụtija šịbica** Streichholzschachtel
šiljak Spitze
širok breit; *(Gegenteil von eng)* weit
škare *f pl* Schere
škljọcnuti knipsen
škọditi schaden
škola Schule
šofer Chauffeur
šolja *(Ost)* Tasse
špaga *(ugs)* Bindfaden
Špạnac, Špạnkinja *(Ost)* Spanier/in
Špạnija *(Ost)* Spanien
špạnski *(Ost)* spanisch
Španjọlac, Špạnjolka Spanier/in
Špạnjolska Spanien
špạnjolski spanisch
špirit (Brenn-)Spiritus; **kụhalo na špirit** Spirituskocher
štap Stock
štẹdjeti sparen

šteta Nachteil, Schaden; **kakva šteta!** wie schade!; **šteta je** es ist schade; **nạknada štete** Schadenersatz
štetan schädlich
što was; **bilo što** *(etwas Beliebiges)* irgend etwas; **za što** wofür; **što prije** so bald wie möglich
štof *(ugs)* Stoff
šum Geräusch
šuma Wald
šurjak Schwager
šurjạkinja Schwägerin
šụteći schweigend
šụtjeti schweigen
šutnja Schweigen
Švịcarac, Švịcarka Schweizer/in
Švịcarska Schweiz

T

ta doch
tada *(Zeit)* da
tajan geheim
takav solch
tako so
takọde(r) auch
takse *f pl* Gebühren
taksi Taxi
Talịjan, Talịjanka Italiener/in
talịjanski italienisch
taman dunkel, finster
tạmno . . . *(bei Farben)* dunkel- . . .; **tạmnoplav** dunkelblau
tamo dort; **tamo dolje/gore** dort unten/oben
tanjur Teller
tanak dünn, fein
tebe dich
tebi dir
tečaj Kurs(us); (Wechsel-)Kurs
teći fließen
tek *(nicht früher als)* erst
tẹkući flüssig
telẹfon Telefon; **pọzvati telefọnom** anrufen
telefonịrati anrufen, telefonieren
telẹfonska kabịna Telefonzelle
telẹfonski ịmenik Telefonverzeichnis
telẹfonski rạzgovor Telefongespräch
telegrafịrati telegrafieren
telẹgram Telegramm
televịzija Fernsehen
tenis Tennis
tẹnisko ịgralište Tennisplatz
teren Gelände
teret Fracht
termin Termin
teškọća Schwierigkeit
tetak Onkel
tetka Tante
težak schwer, schwierig
težịna Gewicht
ti du
tih leise; ruhig, still; **tiho govọriti** leise sprechen
tijẹlo Körper
tik uz dicht dabei
tịsuća tausend
tišịna *(Stille)* Ruhe
tjedan Woche; **za jedan tjedan** in einer Woche
tjedni wöchentlich
tkạnina Gewebe, Stoff
tko wer; **ma tko** jeder beliebige
tlo Boden
tmuran *(Wetter)* trüb
toạlet Toilette
toalẹtni papir Toilettenpapier
točak Rad
točan genau; pünktlich; *(Gegensatz zu falsch)* richtig
točka Punkt
točnost *f* Genauigkeit
ton Ton
tọpal warm
toplịna Wärme
toranj Turm
tọrbica Handtasche
trạfika Tabakladen
trag Spur
trajan haltbar
trạjanje Dauer
trạjati dauern, halten
trajekt Fähre
traka *(aus Stoff)* Band
tramvaj Straßenbahn

trạmvajski kondụkter Straßenbahnschaffner
trạnzitna viza Durchreisevisum
trasa Strecke
trạžiti suchen; verlangen; **trạžiti savjet** konsultieren
tṛčati rennen, laufen
trẹbati benötigen, brauchen, sollen
treće drittens
treći, treća, treće der, die, das dritte
trẹćina ein Drittel
trenụtak Augenblick, Moment
trg Markt
tṛgovac Kaufmann, Händler; **tṛgovac ribom** Fischhändler
tṛgovina Geschäft; **tṛgovina cịpelama** Schuhgeschäft
trošak Kosten
trọškovi *m pl* Spesen, Unkosten
trpezạrija *(Ost)* Speisesaal
tṛpjeti ertragen
trud Mühe
trụditi se s. bemühen
truo *(Obst)* faul, verdorben
tṛžište Markt
tṛžnica Markthalle
tu *(Ort)* da; **biti tu** dasein
tuce ein Dutzend
tući schlagen
tumač Dolmetscher
tunel Tunnel
tura Tour
tụrist, tụristkinja Tourist/in
tuš Dusche
tužan traurig
tužba Klage
tvoj dein
tvọrnica Fabrik
tvrd hart
tvṛditi behaupten
tvrdọća Härte

U

u *acc (Zeitangabe)* um; **u nẹdjelju** am Sonntag; *acc/loc* in; nach; **u inozẹmstvu** im Ausland; **u Jugọslaviju** nach Jugoslawien
ubạciti *(Briefe)* einwerfen
ubṛzati beschleunigen
ụčestvovati (u *acc***)** teilnehmen (an)
ụčitelj, učitẹljica Lehrer/in
ụčiti lernen
ući einsteigen; eintreten; hineingehen
ụdaja Heirat *(der Frau)*
ụdaljen entfernt, weit
ụdaljenost *f* Entfernung
ụdarac Schlag; Stoß
ụdarati schlagen
ụdata *(Frau)* verheiratet
ụdati se *(bei der Frau)* heiraten
ụdoban bequem
ụdobnost *f* Bequemlichkeit
ugalj Kohle
ụgao *m* Ecke, Winkel
ugạsiti auslöschen; **ugạsiti svjetlo** Licht ausmachen
uglạvnom *adv* hauptsächlich
ụgodan angenehm
ụgovor Vertrag
ugovọriti vereinbaren
uho Ohr
ụhvatiti ergreifen
ujak Onkel
ujna Tante
ụjutro morgens
ukạzati *(hinweisen)* zeigen
uključiti einschließen
ukṛcati se an Bord gehen, s. einschiffen
ukus Geschmack
ụkusan schmackhaft
ulaz Einfahrt; Eingang; Eintritt; **ulaz zạbranjen** Eintritt verboten
ụlaznica Eintrittskarte
ụlica Gasse; Straße; **nạ ulici** auf der Straße; **glavna ụlica** Hauptstraße
ulje Öl; **ulje za lọženje** Heizöl
ụljudan höflich
ụljudnost *f* Höflichkeit
umịriti se s. beruhigen
ụmjeren mäßig
ụmjesto *gen* statt, anstatt
ụmjeti *(gelernt haben)* können
ụmjetnik, ụmjetnica Künstler/in

ụmjetnost *f* Kunst
ụmoran müde
ụmrijeti sterben
unạprijed im voraus
ụništen kaputt
ụnuk, ụnuka Enkel/in
ụnutarnja guma Schlauch
ụnutra drin(nen), innen
ụnutrašnjost *f* das Innere
uobịčajen gebräuchlich, üblich
uọstalom übrigens
upạljač Feuerzeug
upạliti *(Licht)* anmachen
ụplašiti erschrecken; **ụplašiti se** *(erschrocken sein)* erschrecken
ụpotreba Gebrauch, Verwendung
upotrijẹbiti anwenden; benutzen, gebrauchen, verwenden
upọznati kennenlernen; **upọznati koga s(a)** *ins* jdn mit jdm bekannt machen
upozọriti (na *acc*) warnen (vor)
ụprava Direktion, Verwaltung
ụpravljati *(lenken)* fahren
ụpravo *adv* eben, gerade
ụračunat inbegriffen
urạditi *(Arbeit)* ausführen
ured Dienststelle, Amt, Büro; **nạlazni ured** Fundbüro; **pọštanski ured** Postamt
ụredan *(geordnet)* ordentlich
ụređaj Anlage
ụshićen entzückt
uskoro demnächst
Uskrs Ostern
uslov *(Ost)* Bedingung
ụsluga Gefallen, Gefälligkeit
usna Lippe
uspjeh Erfolg
ụspomena Andenken
ụsporedba Vergleich
uspọrediti vergleichen
uspṛkos *gen/dat* trotz; **uspṛkos tome** trotzdem
usput unterwegs
usta *n pl* Mund
ụstati aufstehen
ustav Verfassung
ustẹzati se s. weigern
usụditi se wagen
ụtičnica Steckdose
utịkač Stecker
ụtisak Eindruck
ụtjecati *(Fluß)* münden
utvṛditi festsetzen
ụvijek immer
ụvjeriti überzeugen
uvjet Bedingung
uvoz Einfuhr
ụvreda Beleidigung
uvrijẹditi beleidigen
uzak eng; schmal
ụzalud umsonst; vergebens
ụzao *m* Knoten
ụzbrdo bergauf
ụzbuđen *(Gefühl)* bewegt
ụzburkan *(Meer)* bewegt
ụzeti nehmen; **ụzeti sa sobom** mitnehmen
ụzica Bindfaden
uzlet *(Flugzeug)* Start
uznemịriti se s. beunruhigen
uzor Muster
ụzorak *(Probe)* Muster
uzrok Ursache
uže Seil
užịtak Genuß; *(Vergnügen)* Spaß
užịvati genießen

V

vạdičep Korkenzieher
vaga Waage
vạgati wiegen
vagon-restọran Speisewagen
valụta Währung
valjan gültig
valjạnost *f* Gültigkeit
vani außen, draußen
vanjski äußerlich
vạralica *m* Schwindler
vạrati se s. irren, s. täuschen
vas euch
vaspịtanje *(Ost)* Erziehung
vaš euer
vata Watte
vatra Feuer
vazduh *(Ost)* Luft
važan bedeutend, wichtig

vạžeći gültig
važnost *f* Bedeutung, Wichtigkeit
veče *n* Abend; **Badnje veče** Weihnachtsabend
večer *m, f* Abend
vẹčera Abendessen, Nachtessen
večẹras heute abend
već schon
veličạnstven großartig
veličịna *(auch Kleidung, Schuhe)* Größe
velik groß
veọma sehr
vẹrenik, vẹrenica *(Ost)* der, die Verlobte,
vẹriti se *(Ost)* s. verloben
vesẹlje Freude
vẹseo froh, lustig
vẹslati rudern
veza *(Zug)* Anschluß; *(tele)* Verbindung
vẹzati binden
vẹzica za cịpele Schuhband, Schnürsenkel
vi *pers prn* ihr
vic Witz
vidik Sicht
vịdjeti sehen; **opet vịdjeti** wiedersehen
vidljiv sichtbar
vijak Schraube
vijek Jahrhundert
vijest *f* Nachricht
vịkati schreien
vila Villa
vịlica Gabel
vịljuška Gabel
visịna Höhe
visok hoch
više mehr; **više nego** mehr als; **više vọljeti** lieber haben; **više-manje** mehr oder weniger
vitak schlank
viza Sichtvermerk, Visum; **trạnzitna viza** Durchreisevisum
vjẹnčani prsten Ehering
vjera Glaube
vjerọjatan wahrscheinlich
vjerọjatnost *f* Wahrscheinlichkeit
vjẹrovati glauben
vjẹšalica (Kleider-)Haken; Kleiderbügel
vješt geschickt
vjetar Wind
vježba Übung
vjẹžbati üben
vlak Zug
vlasnik Besitzer, Eigentümer
vlạsništvo *(Eigentum)* Besitz
vlast *f* Behörde
vlastit eigen
vlažan feucht
voće Obst
vod *(el, tele, Gas, Wasser)* Leitung
voda Wasser
vodič Fremdenführer
vọditi führen
vọdoskok Springbrunnen
vođa *m* Leiter *m*
volja Laune; **po volji** nach Belieben
vọljeti lieben; liebhaben, gern haben; mögen; **više vọljeti** lieber haben
voz *(Ost)* Zug
vozač Fahrer
vọziti fahren; **vọziti ạuto** Auto fahren; **vọziti se** *(Verkehrsmittel)* benutzen
vozna karta Fahrkarte
vožnja Fahrt
vrạćati se zurück gehen
vrat Hals
vrata *n pl* Tor; Tür; **kućna vrata** Haustür
vratar Pförtner, Portier
vrạtiti wiedergeben, zurückgeben; zurückbringen; **vrạtiti novac** zurückzahlen; **vrạtiti se** wiederkommen, zurückkehren
vreća Sack
vrẹćica *(kleine)* Tüte
vreti *(Wasser)* kochen
vrh Gipfel; Spitze; **vrh prsta** Fingerspitze
vrhụnac Höhepunkt
vrijẹdan fleißig, tüchtig; **jẹdnako vrijẹdan** gleichwertig
vrijẹditi gelten; **mnogo vrijẹditi** viel wert sein
vrijẹdnost *f* Wert
vrijẹme Wetter; Zeit; **po ovom vrẹmenu** bei diesem Wetter; **ịzvještaj o vrẹmenu** Wetterbericht; **neko vrijẹme** eine Zeitlang; **s vrẹmena na vrijẹme** von Zeit zu Zeit; **za vrijẹme** *prp gen* während; **za vrijẹme prạznika** in den Ferien
vrlo sehr
vrpca Schnur
vrsta Sorte
vrt Garten
vruć heiß

vrućịna Hitze
vući reißen, ziehen
vuna Wolle; **vụneni pokrịvač** Wolldecke

Z

za *acc* für; **biti za** dafür sein
zạbava Vergnügen, Unterhaltung
zạbavan lustig, unterhaltend
zạbavljati se s. amüsieren, s. unterhalten
zabịlježiti notieren
zạbluda Irrtum
zabọraviti liegenlassen, vergessen
zạbrana Verbot
zabrạniti verbieten; **zạbranjeno!** verboten!; **zạbranjen ulaz** Eintritt verboten
zạbrinut besorgt
zạdovoljan zufrieden, froh
zadovọljstvo Vergnügen
zadṛžati behalten; einbehalten; *(jdn)* aufhalten
zadržạvanje *(Zug)* Aufenthalt
zạgrliti umarmen
zahod Toilette
zahtijẹvati fordern, verlangen
zahtjev Forderung
zạhvalan dankbar
zahvạliti danken
zạista *adv* wirklich
zạjednički *adj* gemeinsam
zạjedno beisammen, gemeinsam, zusammen
zạjutrak Frühstück
zạkasniti s. verspäten
zakašnjẹnje Verspätung
zakljụčati abschließen, verschließen, zuschließen
zạkuska Imbiß
zạlazak sunca Sonnenuntergang
zạliha Vorrat
zalog Pfand
zalụtati s. verirren
zaljev Bucht
zamak Burg
zamijẹniti ersetzen; vertauschen
zạmjena *(Austausch)* Wechsel
zamọriti ermüden
zamọtati einwickeln, verpacken
zanemạriti vernachlässigen
zanịmanje Beruf; Interesse
zanịmati se (za *acc*) s. interessieren (für)
zanịmljiv interessant
zao böse, schlimm, übel
zapad Westen
zạpadni westlich
zapạliti anzünden
zạpamtiti s. merken
zapịnjača Sicherheitsnadel
zapis Aufzeichnung
zapor Riegel
zạposlen beschäftigt
zạpravo in der Tat
zar ne? nicht wahr?
zaračụnati se s. verrechnen
zạrada *(Geld)* Verdienst
zarạditi verdienen
zarụčiti se s. verloben
zạručnik, zạručnica der, die Verlobte
zạsad(a) *adv* vorläufig
zạsluga Verdienst *n*
zaslụžiti *(wert sein)* verdienen
zạspati einschlafen
zạstupnik Vertreter
zạštita Schutz
zạštititi beschützen
zašto weshalb; warum
zatẹzati verzögern
zatim danach, dann
zato deshalb
zatvạrač Verschluß; **patẹntni zatvạrač** Reißverschluß
zạtvoren geschlossen, zu
zatvọriti schließen, zumachen
zaụstaviti anhalten; **zaụstaviti se** anhalten, stehenbleiben
zạuzet *(Platz)* besetzt
zaụzeti mjesto einen Platz belegen
zavẹzati verbinden
zạvičaj Heimat
zạvjesa Vorhang
zavoj Kurve

zavṛšiti beenden; vollenden
zbirka Sammlung
zbog *gen* aus, wegen; **zbog mene** meinetwegen; **zbog toga** aus diesem Grund
zbroj Summe
zbrọjiti zusammenrechnen
zdenac Brunnen
zdjela Schüssel
zdrav gesund
zdravlje Gesundheit, Wohlbefinden
zelen grün
zẹmička Brötchen
zemlja Erde, Land
zemljak Landsmann
zẹmljište Gelände
zepsti frieren
zgodan hübsch, nett
zgrada Gebäude
zid Mauer; Wand; **zidni sat** Wanduhr
zịherica *(ugs)* Sicherheitsnadel
zima Winter
zlato Gold
zlo mi je mir ist übel
zločest schlimm
zločin Verbrechen
zlọrabiti mißbrauchen
zlọupotreba Mißbrauch
zmija Schlange
znạčajan bedeutend
znạčenje Sinn, Bedeutung
znạčiti bedeuten
znak Signal; Zeichen
znạmenit berühmt
znạmenitost *f* Sehenswürdigkeiten
znanje Kenntnis, Wissen
znatan beträchtlich
znati kennen; können; wissen
znọjiti se schwitzen
zrạčnica Schlauch
zrak Luft
zraka (Licht-)Strahl
zreo reif
zub Zahn; **čẹtkica za zube** Zahnbürste; **pasta za zube** Zahnpaste
zvati rufen
zvijẹzda Stern
zvonce Klingel
zvonik Kirchturm
zvọniti klingeln, läuten
zvono Glocke
zvučnik Lautsprecher
zvuk Klang, Ton

Ž

žalba Beschwerde
žạliti bedauern
žạliti se (na *acc*) s. beschweren (über)
žạliti se (na *acc*/**zbog** *gen*) s. beklagen (über)
žạlost Trauer; Traurigkeit; **nạ žalost** leider
žạlostan traurig
žạljenje Bedauern
žạrulja (Glüh-)Birne
žedan durstig
žeđ *f* Durst
želja Wunsch
žẹljeti wollen; wünschen; mögen
žẹljeznica Eisenbahn
žẹljezo Eisen
žena Ehefrau, Frau
žẹnidba *(des Mannes)* Heirat
ženski sạmostan Nonnenkloster
žica Draht
žig Stempel
živ lebend
žịvahan lebhaft
žịvjeti leben
život Leben
živọtinja Tier
žlica Löffel
župnik *(katholisch)* Pfarrer
žurba Eile
žụriti se es eilig haben
žut gelb

Allgemeine Abkürzungen

br.	broj	Nummer
d	dinar	Dinar
dr	doktor	Doktor
g.	gospodin	Herr(n)
gđa	gospođa	Frau
gđica	gospođica	Fräulein
itd.	i tako dalje	und so weiter
JŽ	Jugoslavenske željeznice	Jugoslawische Staatsbahn
Nama	Narodni magazin	(Volks-)Kaufhaus
NjDR	Njemačka Demokratska Republika	Deutsche Demokratische Republik
p	para	Pfennig
SAD	Sjedinjene Američke Države	Vereinigte Staaten von Amerika
SFRJ	Socijalistička Federativna Republika Jugoslavija	Sozialistische Föderative Republik Jugoslawien
SKJ	Savez komunista Jugoslavije	Bund der Kommunisten Jugoslawiens
SR	Socijalistička republika	Sozialistische Republik
SRNj	Savezna Republika Njemačka	Bundesrepublik Deutschland
SSRNJ	Socijalistički savez radnog naroda Jugoslavije	Sozialistischer Bund der Werktätigen Jugoslawiens
SSSR	Savez Sovjetskih Socijalističkih Republika	Union der Sozialistischen Sowjetrepubliken
str.	stran(ic)a	Seite
SUP	Sekretarijat unutrašnjih poslova	Sekretariat für innere Angelegenheiten
sv.	sveti	heiliger
SIP	Sekretarijat inostranih poslova	Sekretariat für äußere Angelegenheiten
Tanjug	Telegrafska agencija nove Jugoslavije	Telegraphenagentur des neuen Jugoslawien
tj.	to jest	das heißt
tzv.	takozvani	sogenannt
UKV	ultrakratki val	Ultrakurzwelle
v.	vidi	siehe

Kurzgrammatik

Die Sprache

In Jugoslawien werden drei sehr verwandte südslawische Sprachen gesprochen: das Serbokroatische (in Serbien, Kroatien, Bosnien-Herzegowina und Montenegro, etwa 16 Millionen), das Makedonische (in Makedonien, etwa 1,5 Mio.) und das Slowenische (in Slowenien, etwa 1 Mio.).
Das Serbokroatische (andere Bezeichnungen: Kroato-serbische, Serbische oder Kroatische, Serbische und Kroatische) gliedert sich in

1. zwei Varianten:
   a) die westliche (kroatische, Zagreber) Variante,
   b) die östliche (serbische, Belgrader) Variante.

Der Unterschied liegt vor allem im lexikalischen Bereich, wie z. B. im Deutschen zwischen Metzger und Fleischer, Semmel und Brötchen:

	Brot	Tomate	Woche	Zug
westlich	kruh	rạjčica	tjedan	vlak
östlich	hleb	patlịdžan	nẹdjelja	voz

2. zwei Aussprachen:
   a) die ijekawische Aussprache,
   b) die ekawische Aussprache.

Der Unterschied liegt in der Aussprache des urslawischen „Jat" entweder als Lautgruppen *-ije-/-je-* (ijekawisch) oder als einheitliches *-e-* (ekawisch):

	Kind	schön	Milch	Glaube	Werk
ijekawisch	d**ijẹ**te	l**ije**p	ml**ijẹ**ko	v**je**ra	d**je**lo
ekawisch	d**e**te	l**e**p	ml**e**ko	v**e**ra	d**e**lo

Die westliche Variante kennt nur die ijekawische Aussprache und wird in Kroatien gesprochen. Die östliche Variante kennt beide Aussprachen: die ekawische (Serbien) und die ijekawische (Montenegro). Beide Varianten mischen sich in Bosnien und Herzegowina, aber nur in der ijekawischen Aussprache.

Die Schrift

Das Serbokroatische wird in lateinischer (Kroatien) oder in kyrillischer Schrift (Serbien, Montenegro) geschrieben. Beide Schriften (insbesondere die lateinische Schrift) werden in allen Teilen des Spachgebiets gelernt und gelesen. Für den Touristen erübrigt sich daher das Erlernen der kyrillischen Schrift.

Das Substantiv (Hauptwort)

Das Geschlecht

Das Serbokroatische kennt weder einen bestimmten noch einen unbestimmten Artikel.
Man unterscheidet, wie im Deutschen, drei Geschlechter: das männliche (Maskulinum), das weibliche (Femininum) und das sächliche Geschlecht (Neutrum). Sie stimmen jedoch nicht immer mit dem Deutschen überein.

Das Geschlecht erkennt man entweder an der Bedeutung des Wortes (natürliches Geschlecht, z. B. sluga *m* der Diener) oder an seiner Endung (grammatisches Geschlecht):

Endung auf Konsonant (Mitlaut)	Maskulinum	vija**k** bro**d**	Schraube Schiff
Endung auf *-a*	Femininum	ụlic**a** sob**a**	Straße Zimmer
Endung auf *-o* *-e*	Neutrum	sel**o** vin**o** mor**e**	Dorf Wein Meer

Von der Regel gibt es eine unbeträchtliche Anzahl von Ausnahmen. Sie sind im Wörterbuch mit *m, f, n* gekennzeichnet.

!

Die Deklination

Das Serbokroatische kennt, wie das Deutsche, Einzahl (Singular) und Mehrzahl (Plural). Im Unterschied zum Deutschen hat es jedoch sieben Fälle. Die sieben Fälle werden durch Endungen gekennzeichnet.

1. Nominativ	auf die Frage	wer? oder was?
2. Genitiv	auf die Frage	wessen?
3. Dativ	auf die Frage	wem?
4. Akkusativ	auf die Frage	wen? oder was?
5. Vokativ		Ruffall
6. Lokativ		Ortsfall
7. Instrumental	auf die Frage	womit? mit wem?

Der Vokativ dient als Ruf- und Anredefall:

sestr**o**! Schwester!, gọspođ**o** Novak! Frau Novak!

Der Lokativ steht nur in Verbindung mit Präpositionen:

a) auf die Frage wo? – mit *u* (in) und *na* (an, auf):

Bio sam **u** kin**u**/**na** krov**u**. Ich war im Kino/auf dem Dach.

b) auf die Frage über wen oder was? – mit *o* (von, über):

On priča **o** brat**u**. Er spricht vom Bruder.

Oni gọvore **o** rad**u**. Sie reden über die Arbeit.

Der Instrumental bezeichnet

a) auf die Frage womit? das Mittel oder Werkzeug (= Instrument, daher der Name):

Ịdemo vlak**om**. Wir fahren mit dem Zug.

Pišem per**om**. Ich schreibe mit der Feder.

b) auf die Frage mit wem? die Begleitung, die Gesellschaft mit jemand:

Pụtujem **s** brat**om**. Ich reise mit dem Bruder.

!

Maskulinum (Männliches Geschlecht)

Bei den männlichen Hauptwörtern (Maskulina) unterscheidet man im Singular belebte Wesen von unbelebten Dingen. Für die weiblichen und sächlichen Hauptwörter (Feminina und Neutra) entfällt diese Unterscheidung.
Bei der ersten Gruppe (belebt) sind der 2. und 4. Fall gleich, bei der zweiten (unbelebt) der 1. und der 4. Fall.

Singular	belebt der Bäcker		unbelebt der Tag
1. Nominativ	pekar	der Bäcker	dan
2. Genitiv	pẹkar**a**	des Bäckers	dan**a**
3. Dativ	pẹkar**u**	dem Bäcker	dan**u**
4. Akkusativ	pẹkar**a**	den Bäcker	dan
5. Vokativ	pẹkar**e**!	Bäcker!	dan**e**!
6. Lokativ	pẹkar**u**	vom Bäcker	dan**u**
7. Instrumental	pẹkar**om**	mit dem Bäcker	dan**om**

Plural	die Bäcker	die Tage
1. Nominativ	pẹkar**i**	dan**i**
2. Genitiv	pẹkar**a**	dan**a**
3. Dativ	pẹkar**ima**	dạn**ima**
4. Akkusativ	pẹkar**e**	dan**e**
5. Vokativ	pẹkar**i**!	dan**i**!
6. Lokativ	pẹkar**ima**	dạn**ima**
7. Instrumental	pẹkar**ima**	dạn**ima**

Besonderheiten

- Die meisten einsilbigen Maskulina erhalten im Plural eine Verlängerung durch *-ov* oder *-ev:*
  krov das Dach, krọv**ovi**; muž der Ehemann, mụž**evi**.

- Die Maskulina, die auf „weiche" Konsonanten

Schreibung	č	ć	dž	đ	j	lj	nj	š	ž
Lautung	tʃ	tç	dʒ	dj	j	ʎ	ɲ	ʃ	ʒ

  enden, haben im Instrumental (7. Fall) *-em* statt *-om:*
  koš der Korb, koš**em**; konj das Pferd, konj**em**.

- *k, g, h* [k, g, x] werden
  a) vor *-e* zu *č, ž, š* [tʃ, ʒ, ʃ],
  b) vor *-i* zu *c, z, s* [ts, z, s]:

junak	junače	junaci	Held
['junak]	['junatʃɛ]	['junatsi]	

- *c, z, s* [ts, z, s] werden vor *-e* zu *č, ž, š* [tʃ, ʒ, ʃ]:

stric	striče	stričevi	Onkel
[strits]	['stritʃɛ]	['stritʃɛvi]	
knez	kneže	kneževi	Fürst
[knɛz]	['knɛʒɛ]	['knɛʒɛvi]	

- Die Maskulina auf *-a* (sluga *m* Diener) werden wie die entsprechenden Feminina dekliniert.

Femininum (Weibliches Geschlecht)

Singular	auf *-a* Frau		auf Kons. Nacht
1. Nominativ	žen**a**	die Frau	noć
2. Genitiv	žen**e**	der Frau	noć**i**
3. Dativ	žen**i**	der Frau	noć**i**
4. Akkusativ	žen**u**	die Frau	noć
5. Vokativ	žen**o**!	Frau!	noć**i**!
6. Lokativ	žen**i**	von der Frau	noć**i**
7. Instrumental	žen**om**	mit der Frau	noć**u/i**

Plural	die Frauen	die Nächte
1. Nominativ	žen**e**	noć**i**
2. Genitiv	žen**a**	noć**i**
3. Dativ	žȩn**ama**	nọć**ima**
4. Akkusativ	žen**e**	noć**i**
5. Vokativ	žen**e**!	noć**i**
6. Lokativ	žȩn**ama**	nọć**ima**
7. Instrumental	žȩn**ama**	nọć**ima**

!

- Bei den Feminina bleiben *k, g, h* [k, g, x] vor *-e* erhalten, jedoch gehen sie vor *-i* in *c, z, s* [ts, z, s] über:

ruka	ruke	ruci	Hand
['ruka]	['rukɛ]	['rutsi]	
noga	noge	nozi	Fuß
['nɔga]	['nɔgɛ]	['nɔzi]	

Neutrum (Sächliches Geschlecht)

Singular	auf *-o* das Dorf		auf *-e* das Feld
1. Nominativ	sel**o**	das Dorf	polj**e**
2. Genitiv	sel**a**	des Dorfes	polj**a**
3. Dativ	sel**u**	dem Dorf	polj**u**
4. Akkusativ	sel**o**	das Dorf	polj**e**
5. Vokativ	sel**o**!	Dorf!	polj**e**!
6. Lokativ	sel**u**	im Dorf	polj**u**
7. Instrumental	sel**om**	mit dem Dorf	polj**em**

Plural	die Dörfer	die Felder
1. Nominativ	sel**a**	polj**a**
2. Genitiv	sel**a**	polj**a**
3. Dativ	sẹl**ima**	pọlj**ima**
4. Akkusativ	sel**a**	polj**a**
5. Vokativ	sel**a**!	polj**a**!
6. Lokativ	sẹl**ima**	pọlj**ima**
7. Instrumental	sẹl**ima**	pọlj**ima**

Sämtliche Deklinationen weisen auch einige Unregelmäßigkeiten auf.

!

Das Adjektiv (Eigenschaftswort)

Das Adjektiv weist, wie das Substantiv, drei grammatische Geschlechter auf.
Bei der männlichen Form des Adjektivs unterscheidet man im Singular zwei Formen:

a) die **unbestimmte Form**. Sie endet auf Mitlaut (no**v** neu, zele**n** grün) und wird vor allem aussagend, aber auch beifügend nach dem unbestimmten Artikel gebraucht.
b) die **bestimmte Form**. Sie endet auf *-i* (nov**i** der neue, zelen**i** der grüne) und wird nur beifügend (als Attribut) nach dem bestimmten Artikel gebraucht.

unbestimmte Form	Kaput je no**v**. On ima no**v** i sta**r** kaput.	Die Jacke ist neu. Er hat eine neue und eine alte Jacke.
bestimmte Form	Nov**i** kaput je zele**n**, a star**i** je si**v**.	Die neue Jacke ist grün und die alte ist grau.

In der heutigen Alltagssprache wird die unbestimmte Form allerdings kaum noch benutzt, sondern immer mehr durch die bestimmte Form ersetzt. Die Wörterbücher jedoch führen die unbestimmte Form an.

Die weibliche Form des Adjektivs wird regelmäßig durch Anhängen von *-a*, die sächliche durch Anhängen von *-o* oder *-e* an die unbestimmte männliche Form gebildet.

	Maskulinum		Femininum		Neutrum	
Singular	nov**(i)**	neue(r)	nov**a**	neue	nov**o**	neue(s)
Plural	nov**i**	neue(n)	nov**e**	neue(n)	nov**a**	neue(n)

Das Adjektiv stimmt mit Substantiv und Pronomen in Geschlecht, Zahl und Fall überein. Als Attribut steht es vor dem Substantiv.

To je bio snaža**n** **čovjek**.	Das war ein starker Mann.
Lijep**e** **žene** su rijetke.	Schöne Frauen sind selten.
Naše **selo** je vrlo velik**o**.	Unser Dorf ist sehr groß.

Die Deklination des Adjektivs

	Singular			Plural		
	m	*n*	*f*	*m*	*n*	*f*
1. Nominativ	nov**i**	nov**o**	nov**a**	nov**i**	nov**a**	nov**e**
2. Genitiv	nọv**og(a)**		nov**e**	nov**ih**		
3. Dativ	nọv**om(u/e)**		nov**oj**	nov**im(a)**		
4. Akkusativ	nov**i**	nov**o**	nov**u**	nov**e**	nov**a**	nov**e**
belebt	nov**og(a)**					
5. Vokativ	nov**i**!	nov**o**!	nov**a**!	nov**i**!	nov**a**!	nov**e**!
6. Lokativ	nọv**(om)e**		nov**oj**	nọv**im(a)**		
7. Instr.	nov**im**		nov**om**	nọv**im(a)**		

- Die Langformen *nọvoga, nọvome, nọvima* werden nur alleinstehend oder nachgestellt gebraucht.
- Die Unterscheidung zwischen einem belebten Wesen und einem unbelebten Ding im Akkusativ Maskulinum *(novi - novog)* ist zu beachten.
- Adjektive, die auf „weiche" Konsonanten enden, (vgl. Seite 196) haben im Genitiv (2. Fall) und Dativ (3. Fall) Maskulinum und Neutrum *-eg(a), -em(u)* statt *-og(a), -om(u):*
  loš   lošeg(a)   lošem(u)   schlecht

Die Steigerung des Adjektivs

Für die Bildung des Komparativs werden die Endungen *-iji,* (seltener) *-ji* und (ganz selten) *-ši* an die unbestimmte Maskulinform angehängt.
Der Superlativ wird durch Anfügen der Vorsilbe *naj-* vor den Komparativ gebildet.

bogat	bogạtiji	nạjbogatiji
reich	reicher	am reichsten
crn	crnji	nạjcrnji
schwarz	schwärzer	am schwärzesten
lak	lakši	nạjlakši
leicht	leichter	am leichtesten

- Die Feminin- und Neutrumform entstehen durch die Endungen *-a* und *-e:*
  nạjbogatija die reichste, nạjbogatije das reichste

- Komparativ und Superlativ werden wie bestimmte Adjektive auf weiche Konsonanten dekliniert:
  1. bogạtiji, 2. bogạtijeg(a), 3. bogạtijem(u), usw.

Unregelmäßige Steigerung

dobar gut	bolji besser	nạjbolji am besten
zao schlecht	gori schlechter	nạjgori am schlechtesten
mnogo viel	više mehr	nạjviše am meisten
malo wenig	manje weniger	nạjmanje am wenigsten
velik groß	veći größer	nạjveći am größten
malen klein	manji kleiner	nạjmanji am kleinsten
dug lang	dulji länger	nạjdulji am längsten
kratak kurz	kraći kürzer	nạjkraći am kürzesten
visok hoch	viši höher	nạjviši am höchsten
dubok tief	dublji tiefer	nạjdublji am tiefsten
lijep schön	ljepši schöner	nạjljepši am schönsten
dẹbeo dick	deblji dicker	nạjdeblji am dicksten

!

Das Adverb (Umstandswort)

Das abgeleitete Adverb hat in der Regel die Neutrumform des Adjektivs:

bọgato reich   lijẹpo schön   visọko hoch   dobro gut

Es wird auch wie das Adjektiv gesteigert:

bọgato reich   bogạtije reicher   nạjbogatije am reichsten

Die wichtigsten ursprünglichen Adverbien:

blizu	nahe	malọ	wenig	ovdje	hier
brzo	schnell	mnogo	viel	rạnije	früher
dalẹko	weit	nạpokon	endlich	sada	jetzt
dolje	unten	nigdje	nirgends	skoro	bald, fast
gore	oben	nịkada	niemals	tamo	dort
kạsnije	später	odmah	sofort	zatim	danach

Die Pronomen (Fürwörter)

Personalpronomen (Persönliche Fürwörter)

	ich	du	er	es	sie
1. Nominativ	ja	ti	on	ono	ona
2. Genitiv	mene, me	tebe, te	njega, ga		nje, je
3. Dativ	meni, mi	tebi, ti	njemu, mu		njoj, joj
4. Akkusativ	mene, me	tebe, te	njega, ga		nju, je, ju
5. Vokativ	—	ti!	—		—
6. Lokativ	meni	tebi	njemu		njoj
7. Instrumental	mnom(e)	tobom	njim(e)		njom(e)

	wir	ihr	sie		
1. Nominativ	mi	vi	oni	ona	one
2. Genitiv	nas	vas		njih, ih	
3. Dativ	nam(a)	vam(a)		njima, im	
4. Akkusativ	nas	vas		njih, ih	
5. Vokativ	—	vi!		—	
6. Lokativ	nama	vama		njima	
7. Instrumental	nama	vama		njima	

!

Die Langformen werden benutzt,
a) wenn das Fürwort besonders betont wird:

Tebe volim nạjviše. — Dich liebe ich am meisten.

b) wenn das Fürwort einer Präposition folgt:

Budi dobar prema **meni**. — Sei gut zu mir.

Sonst werden immer die kurzen, unbetonten Formen benutzt:

Vidim **te** dobro. — Ich sehe dich gut.
To sam **mu** već rẹkao. — Das habe ich ihm schon gesagt.

Als höfliche Anrede (Sie) wird die zweite Person Plural *vi* angewendet. Im Briefverkehr (und in den Lehrbüchern) wird es groß geschrieben:

Vi ste vrlo ljụbazni. — Sie sind sehr liebenswürdig.
Hvala **Vam** na **Vašem** pismu. — Ich danke Ihnen für Ihren Brief.

Possessivpronomen (Besitzanzeigende Fürwörter)

Besitz / Besitzer	Singular			Plural	
	m	*f*	*n*	*m, f, n*	
Singular	moj tvoj njegov njezin	moja tvoja njẹgova njẹzina	moje tvoje njẹgovo njẹzino	moji/e/a tvoji/e/a njẹgovi/e/a njẹzini/e/a	mein/e dein/e sein/e ihr/e
Plural	naš vaš njihov	naša vaša njịhova	naše vaše njịhovo	naši/e/a vaši/e/a njịhovi/e/a	unser/e euer/e ihr/e

Die Possessivpronomen werden wie „weiche" bzw. „harte" Adjektiva dekliniert:
1. moj, 2. mọjeg(a), 3. mọjem(u) 4. moj, mọjeg(a) usw.
1. njihov, 2. njịhovog(a), 3. njịhovom(u) usw.

Das reflexive Possessivpronomen *svoj* wird immer dann benutzt, wenn die bezeichnete Person oder Sache mit dem Subjekt des Satzes identisch ist:

Ja volim svoju ženu. — Ich liebe meine (eigene) Frau.
On je ụzeo svoj šešir. — Er nahm seinen (eigenen) Hut.

Demonstrativpronomen (Hinweisende Fürwörter)

m	*f*	*n*	
ovaj taj onaj	ova ta ona	ovo to ono	dieser (hier, nahe dem Redenden) der (da, nahe dem Angeredeten) jener (dort, von beiden entfernt)

	Singular			Plural		
	m	*n*	*f*	*m*	*n*	*f*
1. Nominativ	taj	to	ta	ti	ta	te
2. Genitiv	tog(a)		te		tih	
3. Dativ	tome/u	tome	toj		tim(a)	
4. Akkusativ	tog(a)	to	tu	te	ta	te
5. —						
6. Lokativ	tom(e)		toj		tim(a)	
7. Instrumental	tim(e)		tom		tim(a)	

Nach gleichem Muster werden *ovaj, ova, ovo* und *onaj, ona, ono* dekliniert.
Nach Präpositionen stehen die Kurzformen, alleinstehend die Langformen.

Interrogativ- und Relativpronomen
(Fragende und bezügliche Fürwörter)

	Nom.	Gen.	Dat.	Akk.	Lok.	Ins.
wer?	tko	kog(a)	komu(e)	koga	komu(e)	kim(e)
was?	što	čeg(a)	čemu	što	čem(u)	čim(e)

koji/koja/koje? welcher/welche/welches?
čiji/čija/čije? wessen?
kakav/kakva/kakvo? was für (ein)?, wie (beschaffen)?

!

Das Verb (Zeitwort)

Der Infinitiv (Grundform)

Der Infinitiv der regelmäßigen Verben endet auf *-ti*,

pịtati fragen, *čuti* hören, *vọziti* fahren

der einiger unregelmäßiger Verben auf *-ti* oder *-ći*.

dati geben, *reći* sagen, *doći* kommen

Das Präsens (Gegenwart)

Regelmäßige Verben

Die regelmäßigen Verben bilden das Präsens aus dem Präsensstamm (Infinitiv ohne *-ti*) durch Anhängen der Personalendungen.
Die Verbformen werden gewöhnlich ohne Personalpronomen verwendet. Die Person erkennt man an der Endung des Zeitworts.

Es gibt vier Arten der Präsensbildung: auf *-am, -jem, -em -im.*

	pịtati fragen	čuti hören	rasti wachsen	rạditi arbeiten
(ja)	pit**am**	ču**jem**	rast**em**	rad**im**
(ti)	pit**aš**	ču**ješ**	rast**eš**	rad**iš**
(on/a/o)	pit**a**	ču**je**	raste	rad**i**
(mi)	pịt**amo**	čụ**jemo**	rạst**emo**	rạd**imo**
(vi)	pịt**ate**	čụ**jete**	rạst**ete**	rạd**ite**
(oni/e/a)	pịt**aju**	ču**ju**	rast**u**	rade

Die 2. Person Plural wird auch für die höfliche Anrede benutzt:

vi pịtate – ihr fragt
vi pịtate – Sie fragen

Hilfsverben

	biti sein		htjeti wollen	
	Langform	Kurzform	Langform	Kurzform
(ja)	jesam	sam	hoću	ću
(ti)	jesi	si	hoćeš	ćeš
(on/a/o)	jest	je	hoće	će
(mi)	jesmo	smo	hoćemo	ćemo
(vi)	jeste	ste	hoćete	ćete
(oni/e/a)	jesu	su	hoće	će

Am Anfang eines Satzes oder alleinstehend wird, mit Ausnahme der 3. Person Singular, die Langform benutzt.

Jesi li ti dobar? **Jesam.** Bist du gut? (Ich) bin (es).
Je li on vrijedan čovjek? Ist er ein fleißiger Mensch?

Perfekt und Partizip Perfekt

(Vergangenheit und Mittelwort der Vergangenheit)

Das Partizip Perfekt leitet sich aus dem Infinitiv ab und richtet sich in Geschlecht und Zahl nach dem Satzgegenstand. Die Infinitivendungen *-ti, -ći* werden durch die Endungen *-o, -la, -lo* (Singular) und *-li, -le, -la* (Plural) ersetzt:

	m	*f*	*n*	
Singular	pitao	pitala	pitalo	gefragt
Plural	pitali	pitale	pitala	

Das Perfekt wird aus den Präsens-Kurzformen des Hilfsverbs *biti* und dem Partizip Perfekt gebildet. Dabei kann das Partizip sowohl nach dem Hilfsverb als auch vor dem Hilfsverb stehen. Steht das Partizip vor dem Hilfsverb, fällt das Personalpronomen weg.

!

Partizip nachgestellt			Partizip vorangestellt		
ja	sam	pịta**o/la**	pịta**o/la**	sam	ich habe gefragt
ti	si	pịta**o/la**	pịta**o/la**	si	du hast gefragt
on	je	pịta**o**	pịta**o**	je	er hat gefragt
ona	je	pịta**la**	pịta**la**	je	sie hat gefragt
ono	je	pịta**lo**	pịta**lo**	je	es hat gefragt
mi	smo	pịta**li/le**	pịta**li/le**	smo	wir haben gefragt
vi	ste	pịta**li/le**	pịta**li/le**	ste	ihr habt gefragt
oni	su	pịta**li**	pịta**li**	su	sie haben gefragt
one	su	pịta**le**	pịta**le**	su	sie haben gefragt
ona	su	pịta**la**	pịta**la**	su	sie haben gefragt

Das Futur (Zukunft)

Das Futur wird aus den Präsens-Kurzformen des Hilfsverbs *htjeti* und dem Infinitiv gebildet. Dabei kann der Infinitiv sowohl nach dem Hilfsverb als auch vor dem Hilfsverb stehen.
Steht der Infinitiv vor dem Hilfsverb, fällt das Personalpronomen weg. Außerdem verändern sich die Verben auf *-ti:*

a) in der westlichen Variante verliert der Infinitiv das Schluß *-i,*
b) in der östlichen Variante verliert er die Endung *-ti* ganz und wird mit dem Hilfsverb zusammengeschrieben.

Die Verben auf *-ći* bleiben in beiden Varianten unverändert.

Infinitiv nachgestellt			Infinitiv vorangestellt		
			westlich		östlich
ja	**ću**	pịtati / reći	pịtat	**ću**	pịta**ću**
ti	**ćeš**	pịtati / reći	pịtat	**ćeš**	pịta**ćeš**
on / ona / ono	**će**	pịtati / reći	pịtat	**će**	pịta**će**
mi	**ćemo**	pịtati / reći	pịtat	**ćemo**	pịta**ćemo**
vi	**ćete**	pịtati / reći	pịtat	**ćete**	pịta**ćete**
oni / one / ona	**će**	pịtati / reći	pịtat	**će**	pịta**će**
			reći	**ću** etc.	reći **ću** etc.
ich werde fragen/sagen					

Das Konditional (Bedingungsform)

Das Konditional wird aus einer sonst nicht mehr benutzten Form des Hilfsverbs *biti* (dem Aorist) und dem Partizip Perfekt gebildet. Wie beim Perfekt kann das Partizip auch vor dem Hilfsverb stehen. In diesem Fall fällt das Personalpronomen weg.

Partizip nachgestellt			Partizip vorangestellt		
ja	bih	pịta**o/la**	pịta**o/la**	bih	ich würde fragen
ti	bi	pịta**o/la**	pịta**o/la**	bi	du würdest fragen
on	bi	pịta**o**	pịta**o**	bi	er würde fragen
ona	bi	pịta**la**	pịta**la**	bi	sie würde fragen
ono	bi	pịta**lo**	pịta**lo**	bi	es würde fragen
mi	bismo	pịta**li/le**	pịta**li/le**	bismo	wir würden fragen
vi	biste	pịta**li/le**	pịta**li/le**	biste	ihr würdet fragen
oni	bi	pịta**li**	pịta**li**	bi	sie würden fragen
one	bi	pịta**le**	pịta**le**	bi	sie würden fragen
ona	bi	pịta**la**	pịta**la**	bi	sie würden fragen

Das reflexive Verb (Rückbezügliches Zeitwort)

Das reflexive Verb erhält für alle Personen immer das Pronomen *se* (sich). Das Pronomen steht im Präsens vor der konjugierten Form, in den zusammengesetzten Zeiten nach dem Hilfsverb.

	vesẹliti si		sich freuen
Präsens	ja	se vesẹlim	ich freue mich
Perfekt	ja sam	se vesẹlio/la	ich habe mich gefreut
Futur	ja ću	se vesẹliti	ich werde mich freuen
Konditional	ja bih	se vesẹlio/la	ich würde mich freuen

Das reflexive Verb wird auch benutzt, um das Passiv (Leideform) und das deutsche „man" zu ersetzen:

slavi se	es wird gefeiert
gọvori se	man spricht

Der Imperativ (Befehlsform)

Der Imperativ – auch in der Höflichkeitsform – wird gebildet, indem man an den Präsensstamm die Endung *-j, -i* (Singular) und *-jte, -ite* (Plural) anhängt.

	pịtati fragen	čuti hören	rasti wachsen	raditi arbeiten
Singular Plural	pita**j** pịta**jte**	ču**j** ču**jte**	rast**i** rạst**ite**	rad**i** rạd**ite**

Die Verneinung

Die Verneinung wird mit der Negation *ne* gebildet:
In den zusammengesetzten Zeiten wird die entsprechende verneinte Form des Hilfsverbs benutzt:

biti: nisam, nisi, nije, nismo, niste, nisu

htjeti: neću, nećeš, neće, nẹćemo, nẹćete, neće

Präsens	ne pitam	ich frage nicht
Perfekt	nisam pịtao/la	ich habe nicht gefragt
Futur	neću pịtati	ich werde nicht fragen
Konditional	ne bih pịtao/la	ich würde nicht fragen

Die Frageform

Die Frageform wird mit der Fragepartikel *li* hinter dem Verb gebildet.
In den zusammengesetzten Zeiten wird die entsprechende Form des Hilfsverbs benutzt.

biti: jesam li, jesi li, je li, jesmo li, jeste li, jesu li

htjeti: hoću li, hoćeš li, hoće li, họćemo li, họćete li, hoće li

Präsens	čuješ	li?		hörst du?
Perfekt	jesi	li	čuo/la?	hast du gehört?
Futur	hoćeš	li	čuti?	wirst du hören?
Konditional	bi	li	čuo/la?	würdest du hören?

!

Der Verbalaspekt

Im Serbokroatischen gibt es fast für jeden Vorgang zwei Zeitformen:

a) der imperfektive Aspekt (die Dauerform) drückt eine gegenwärtige, wiederholte, oftmalige Handlung aus,
b) der perfektive Aspekt (die Augenblicksform) drückt eine einmalige und beendete Handlung aus.

piti – pọpiti trinken

Pijem vino uz jelo. Ich trinke Wein zum Essen.
Pọpio sam čašu vina. Ich habe ein Glas Wein getrunken.

Einige Beispiele für die Aspektpaare:

	lesen	schicken	lernen	kaufen
imperfektiv	čịtati	slati	ụčiti	kùpọ**va**ti
perfektiv	**pro**čịtati	**pọ**slati	**na**ụčiti	kụpiti

Die Verben ohne Vorsilben sind meistens imperfektiv. Sie werden perfektiv durch Voransetzen einer Vorsilbe:
čịtati – **pro**čịtati, slati – **pọ**slati.

Die perfektiven Zeitwörter werden imperfektiv durch Erweiterung des Verbalstammes:
kụpiti – kupọ**va**ti kaufen.

In Hinblick auf den praktischen Zweck dieses Sprachführers wird im Wörterbuchteil nur eine Form angegeben.

Die Wortstellung

Die Wortfolge ist im Serbokroatischen verhältnismäßig frei. Es besteht kein Unterschied zwischen dem Haupt- und Nebensatz. Grundsätzlich folgt das Zeitwort, auch im Perfekt, gleich nach dem Satzgegenstand.

Ja sam mu prịčao mnogo o Vama. Ich habe ihm viel von Ihnen erzählt.
Bilo je već kasno, kada sam dọšao kući. Es war schon spät, als ich nach Hause kam.

!

Wichtige unregelmäßige Verben

dati geben

Präsens	dam, daš, da, damo, date, dadu
Imperativ	daj, dajte
Part. Perf.	dao, dala, dalo — dali, dale, dala

doći kommen

Präsens	dođem, dođeš, dođe, dọđemo, dọđete, dođu
Imperativ	dođi, dọđite
Part. Perf.	dọšao, došla, došlo — došli, došle, došla

ići gehen

Präsens	idem, ideš, ide, ịdemo, ịdete, idu
Imperativ	idi, ịdite
Part. Perf.	ịšao, išla, išlo — išli, išle, išla

jesti essen

Präsens	jedem, jedeš, jede, jẹdemo, jẹdete, jedu
Imperativ	jedi, jẹdite
Part. Perf.	jeo, jela, jelo — jeli, jele, jela

moći können

Präsens	mogu, možeš, može, mọžemo, mọžete, mogu
Part. Perf.	mọgao, mogla, moglo — mogli, mogle, mogla

reći sagen

Präsens	rečem, rečeš, reče, rẹčemo, rẹčete, reku
Imperativ	reci, rẹcite
Part. Perf.	rẹkao, rekla, reklo — rekli, rekle, rekla

Die Präpositionen (Verhältniswörter)

Genitiv	bez	ohne	kod	bei	preko	über, durch
	blizu	nahe (bei)	nakon	nach *(zeitlich)*	prije	vor *(zeitlich)*
	do	bis	od	von, seit	protiv	gegen
	ispod	unter *(wo?)*	oko	gegen, um *(zeitlich)*	radi	wegen
	ispred	vor *(räumlich)*	ọkolo	um...herum	ụmjesto	statt
	iz	aus	osim	außer	uspṛkos	trotz
	ịzmeđu	zwischen, unter	pokraj	neben	van	außer(halb)
	iznad	über	pored	bei	za	während
	izvan	außer	pọslije	nach *(zeitlich)*	zbog	wegen
Dativ	k(a)	zu, an *(wohin?)*	prema	gegen *(räumlich)*	proti	gegen
Akkusativ	kroz	durch *(räumlich)*	pod	unter *(wohin?)*	u	in, nach *(wohin?)* um *(zeitl.)*
	na	auf *(wohin?)*	pred	vor *(wohin?)*	za	für
	po	nach				
Lokativ	na	auf, an *(wo?)*	o	von, über	pri	bei, an
			prema	gemäß	u	in *(wo?)*
Instrumental	među	zwischen, unter	pred	vor *(wo?)*	za	hinter *(wo?)*
	pod	unter *(wo?)*	s(a)	mit		

!

Bildquellen: E. Görg, Esslingen 109,5 – R. Kessel, Sindelfingen 117 – G. Klammet, Ohlstadt 109,1,2,6; 110; 113,1,2 – J.-P. Maucher, Stuttgart 91; 142 – W. Pragher, Freiburg 135 – roebild, Frankfurt/M 109,3 (Bötig); 109,4 (Funke); 133 (Poggemeyer) – W. Rudolph, München 38; 51; 68; 71; 83; 95; 114; 124; 136 – Turistički Savez Hrvatske, Zagreb 67; 85; 106
Vorderer Vorsatz: G. Wustmann, Kirchberg i. W.
Hinterer Vorsatz; Mairs Geographischer Verlag, Ostfildern

Grundwortschatz Deutsch – Serbokroatisch

Bearbeitet von H. Oehler und T. Matasić

Dieses Werk bietet mehr als 2000 Grundwörter und 3000 idiomatische Wendungen des Deutschen mit der zugehörigen serbokroatischen Entsprechung.
Die Auswahl erfolgte nach dem Frequenzwert, dem internationale Forschungen auf dem Gebiet der Worthäufigkeit zugrunde liegen.
Die deutschen Wörter sind alphabetisch geordnet.
Zum Aufsuchen der serbokroatischen Wörter befindet sich am Ende des Bandes ein Register in alphabetischer Ordnung.

Klettbuch **51981**

Svakodnevni razgovori

Serbokroatische Gespräche für den Alltag

Von Blaženka Hirche

Für alle, die sich mühelos auf serbokroatisch verständigen möchten

- 37 Dialoge typischer Alltagssituationen
- umgangssprachliche Wörter und Wendungen
- zahlreiche authentische Materialien
- Worterklärungen

Svakodnevni razgovori zeichnet sich aus durch

- lebendige Umgangssprache
- natürliches Sprechtempo
- authentische Situationen
- ein realistisches Bild des Alltags in Jugoslawien, besonders in den Tourismusgebieten
- nützliche Informationen für Jugoslawienreisende

Textbuch **52709**
Compact-Cassette; sämtliche Dialoge
Sprechzeit ca. 65′ **52710**

BEOGRAD (BELGRAD)